Expreso gratitud a Dios por todas las bendiciones, Mi familia es la esencia de mi existencia.
Yo te amo mucho.

Talita Caires

2024

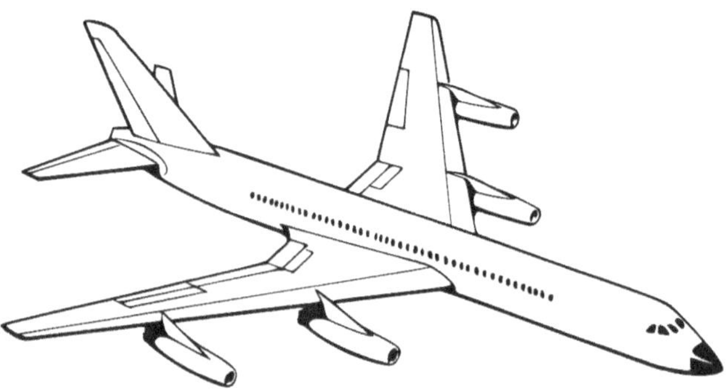

Este libro pertenece a:

○────────────────────────────────────○

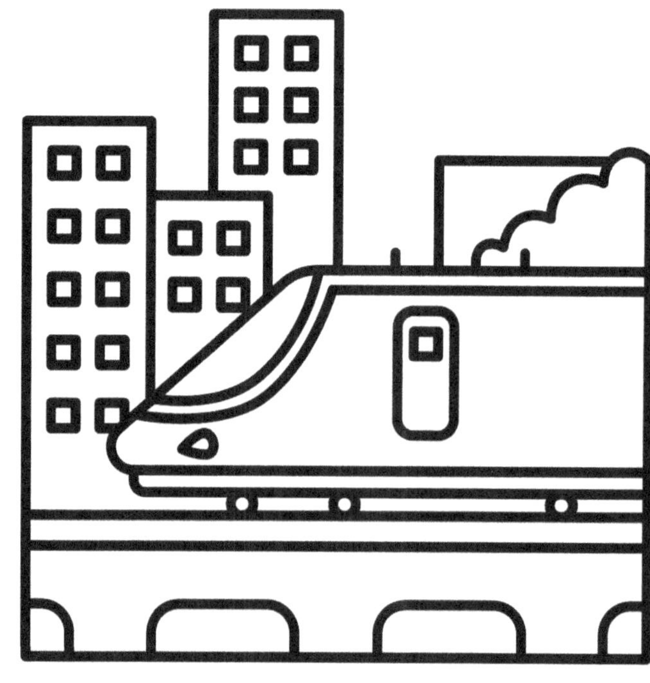

Talita Caires

Página de color de prueba

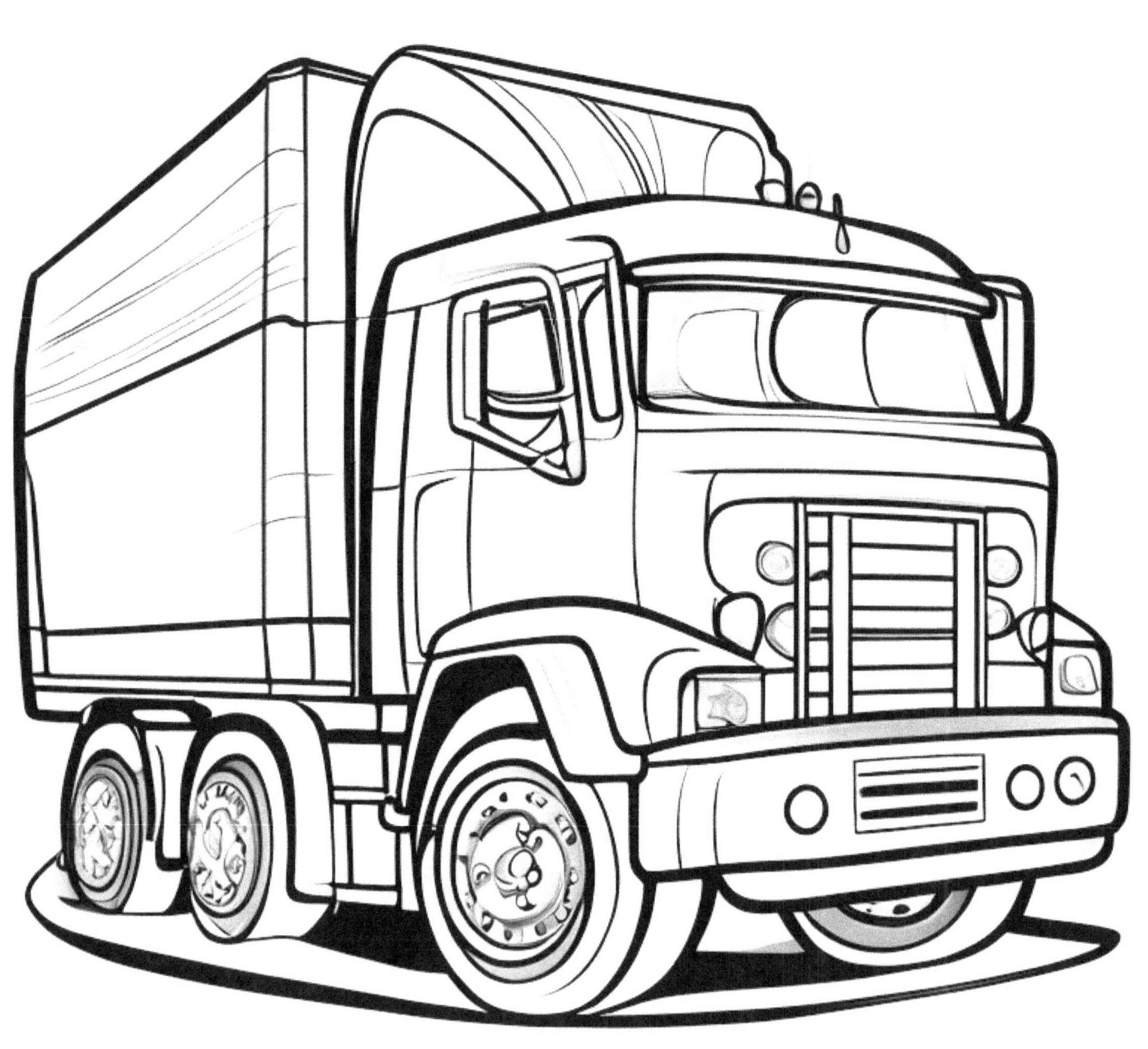

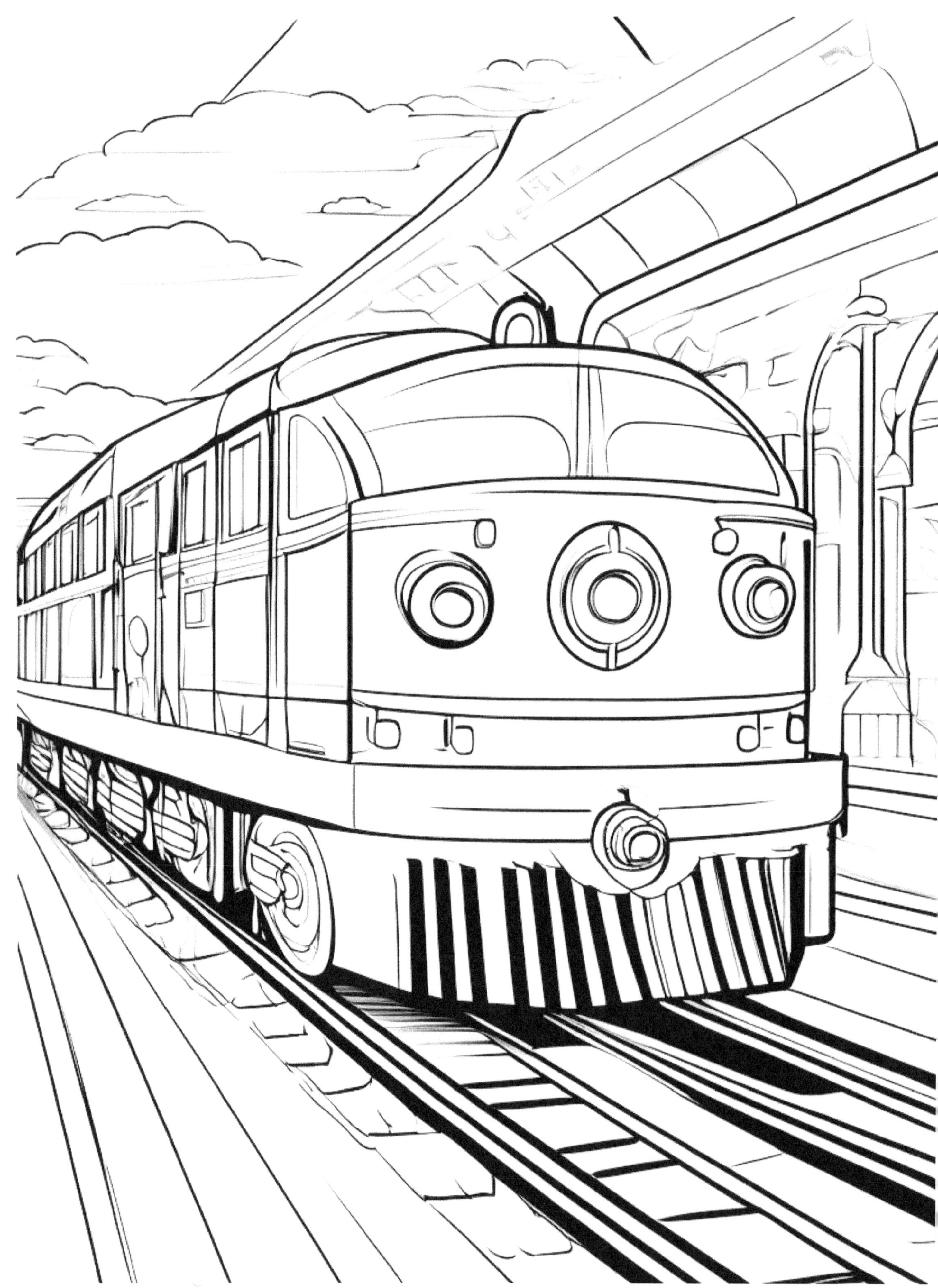

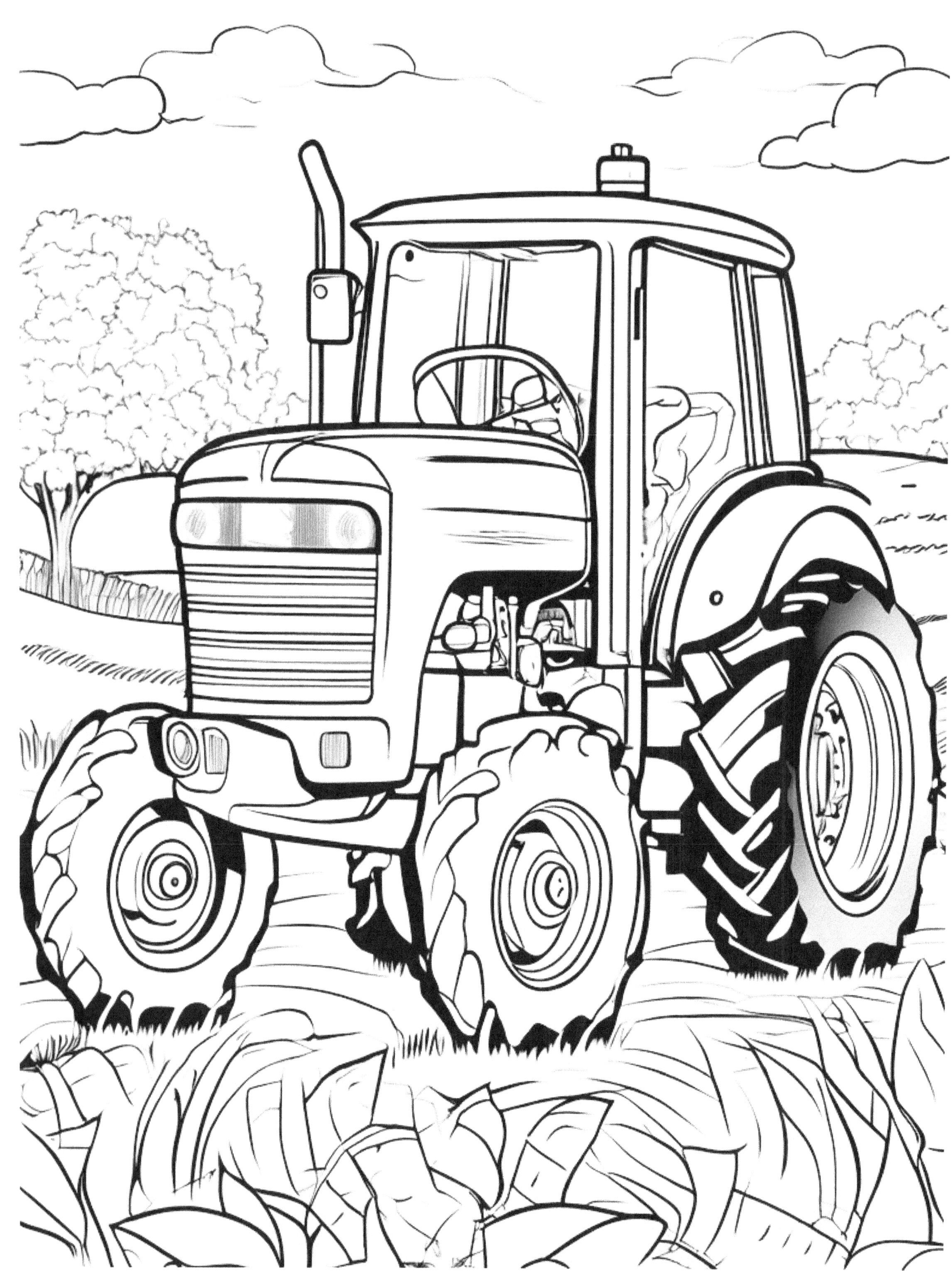

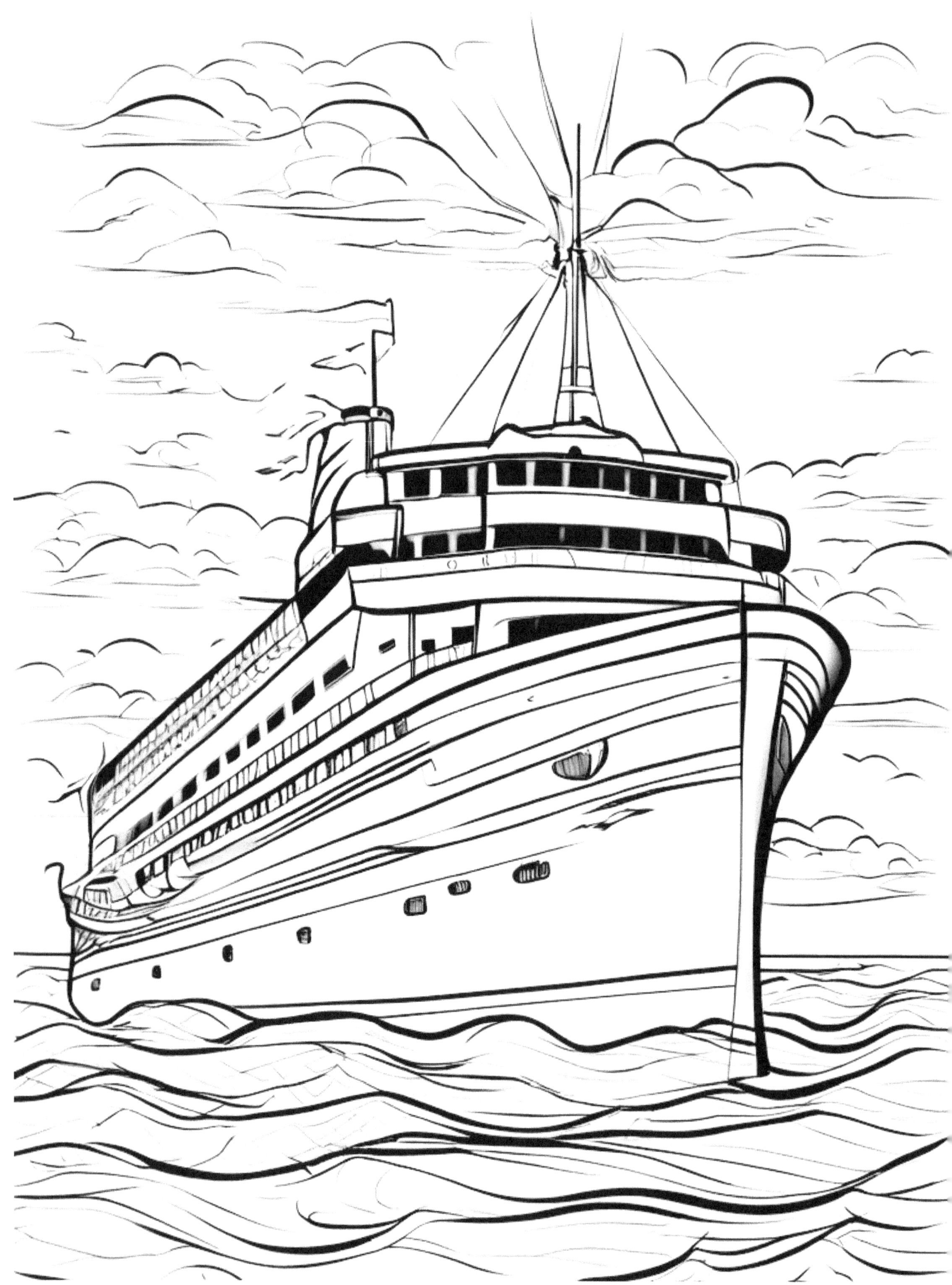

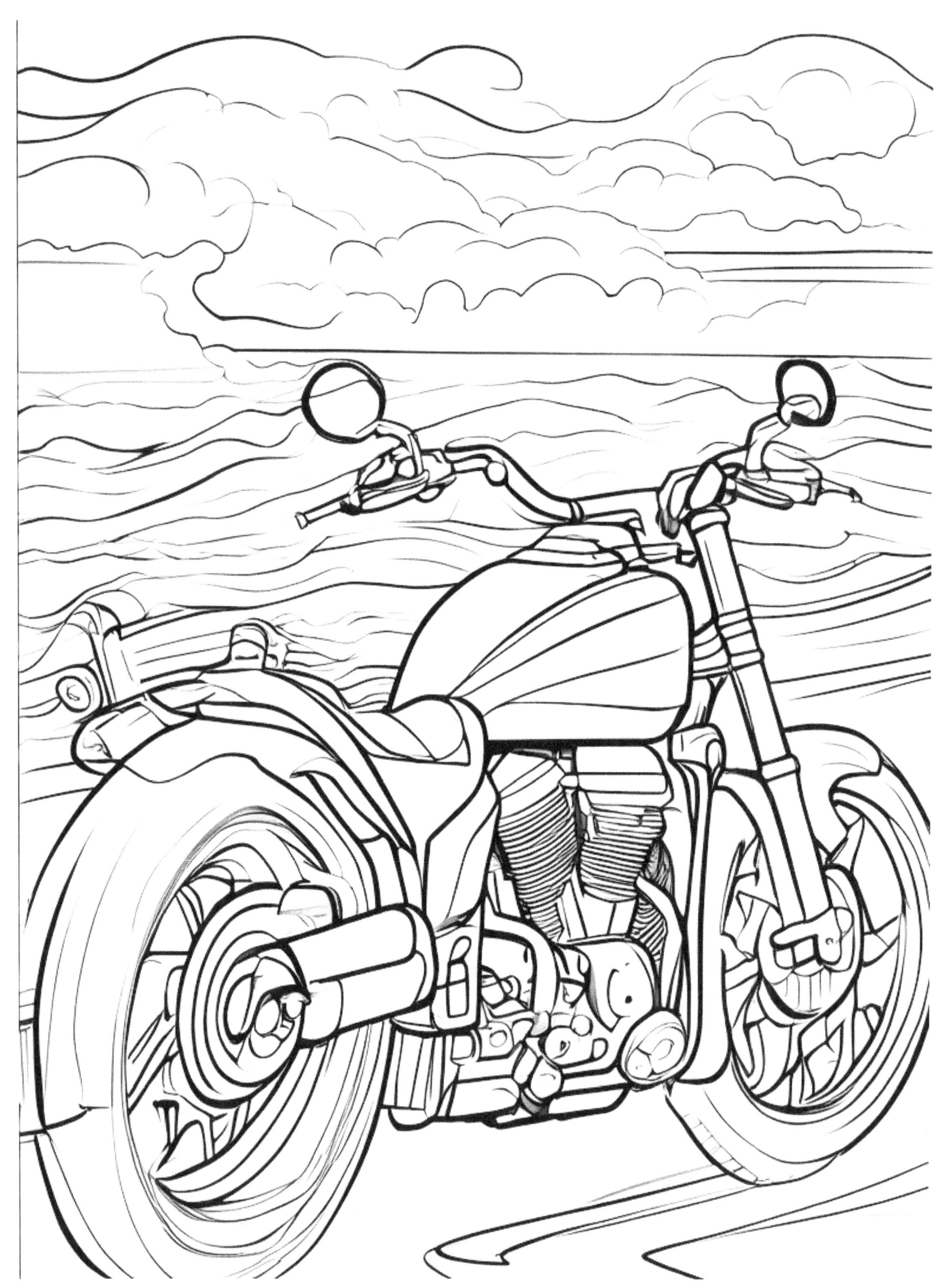

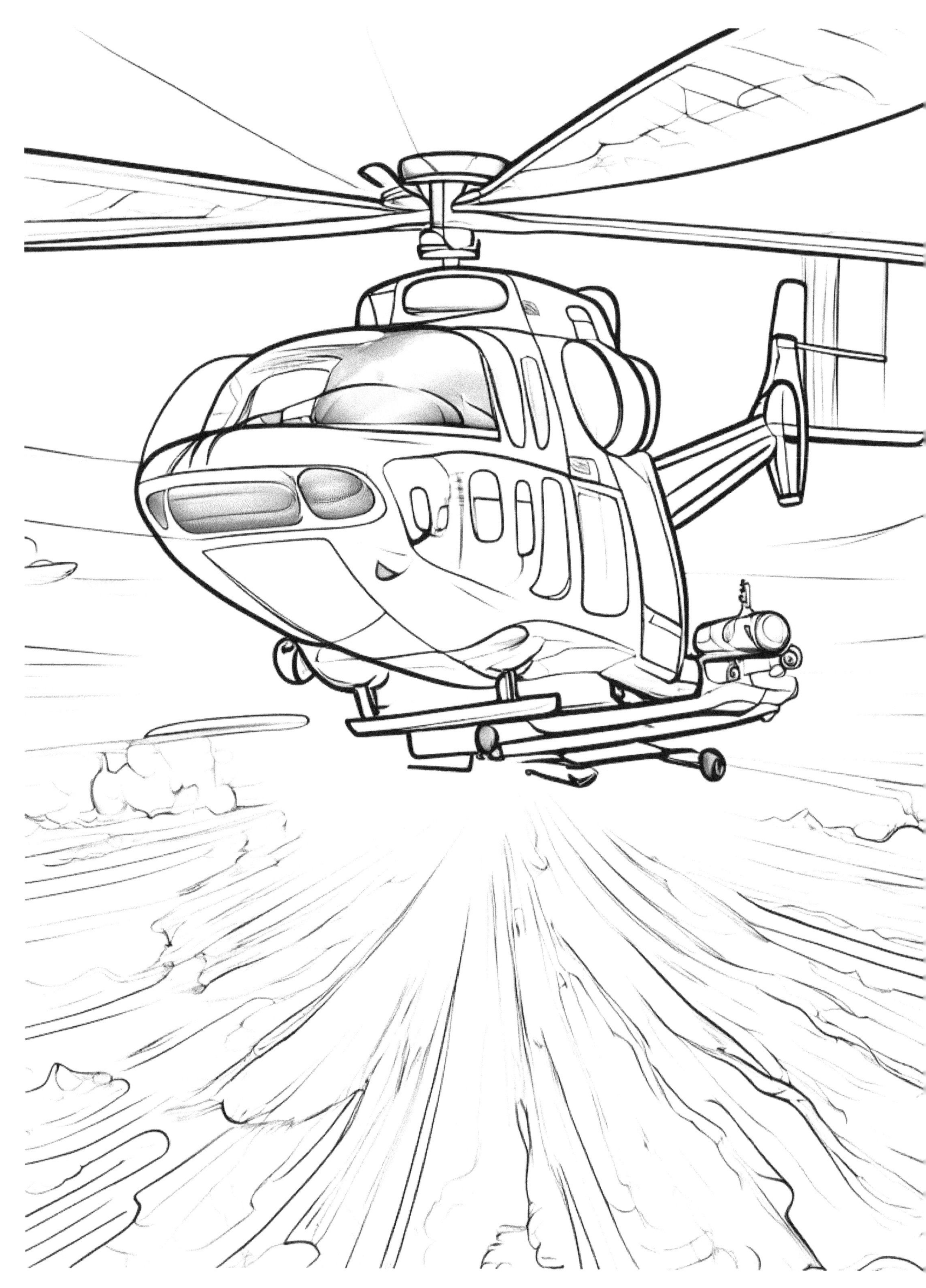

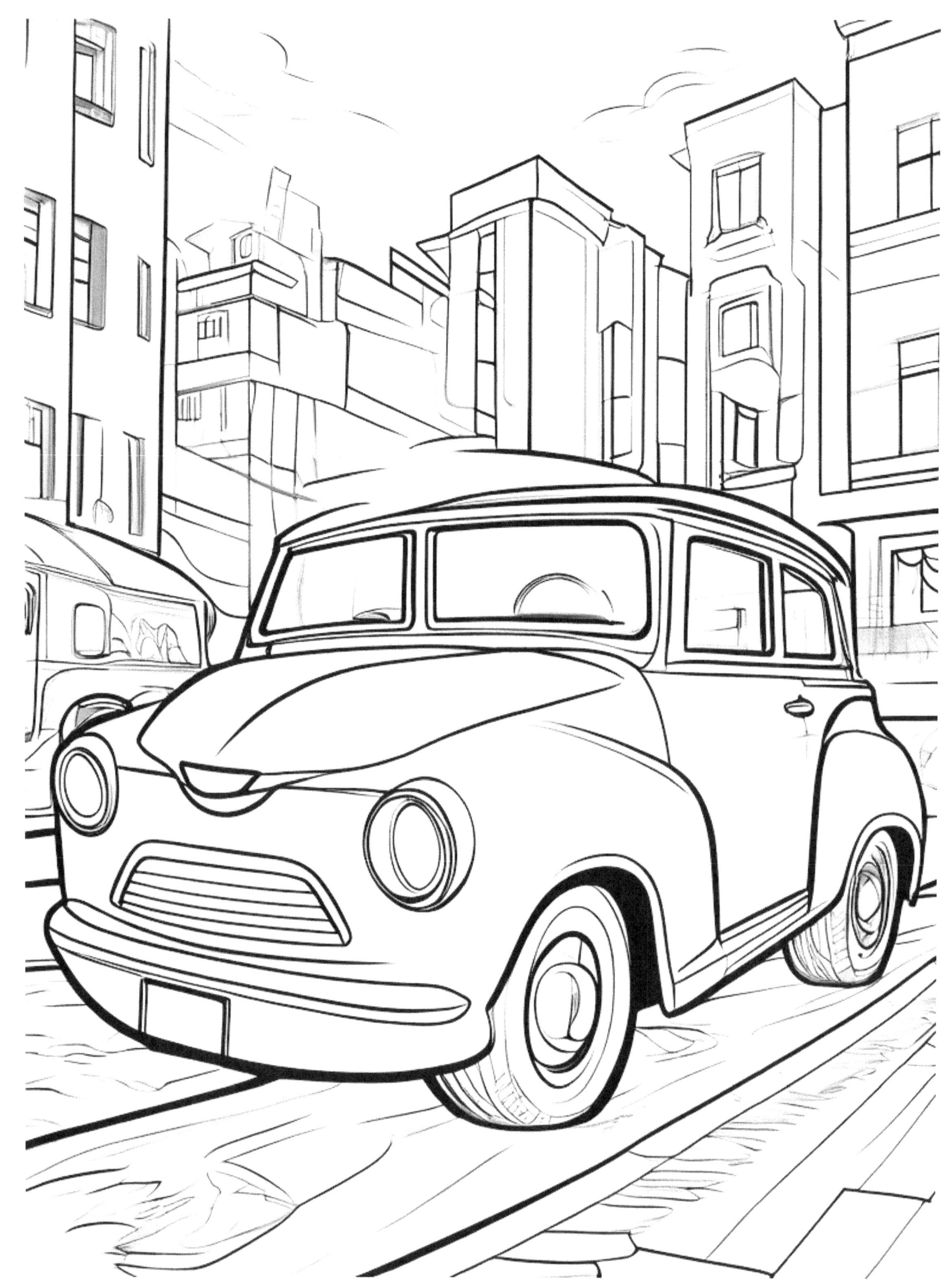

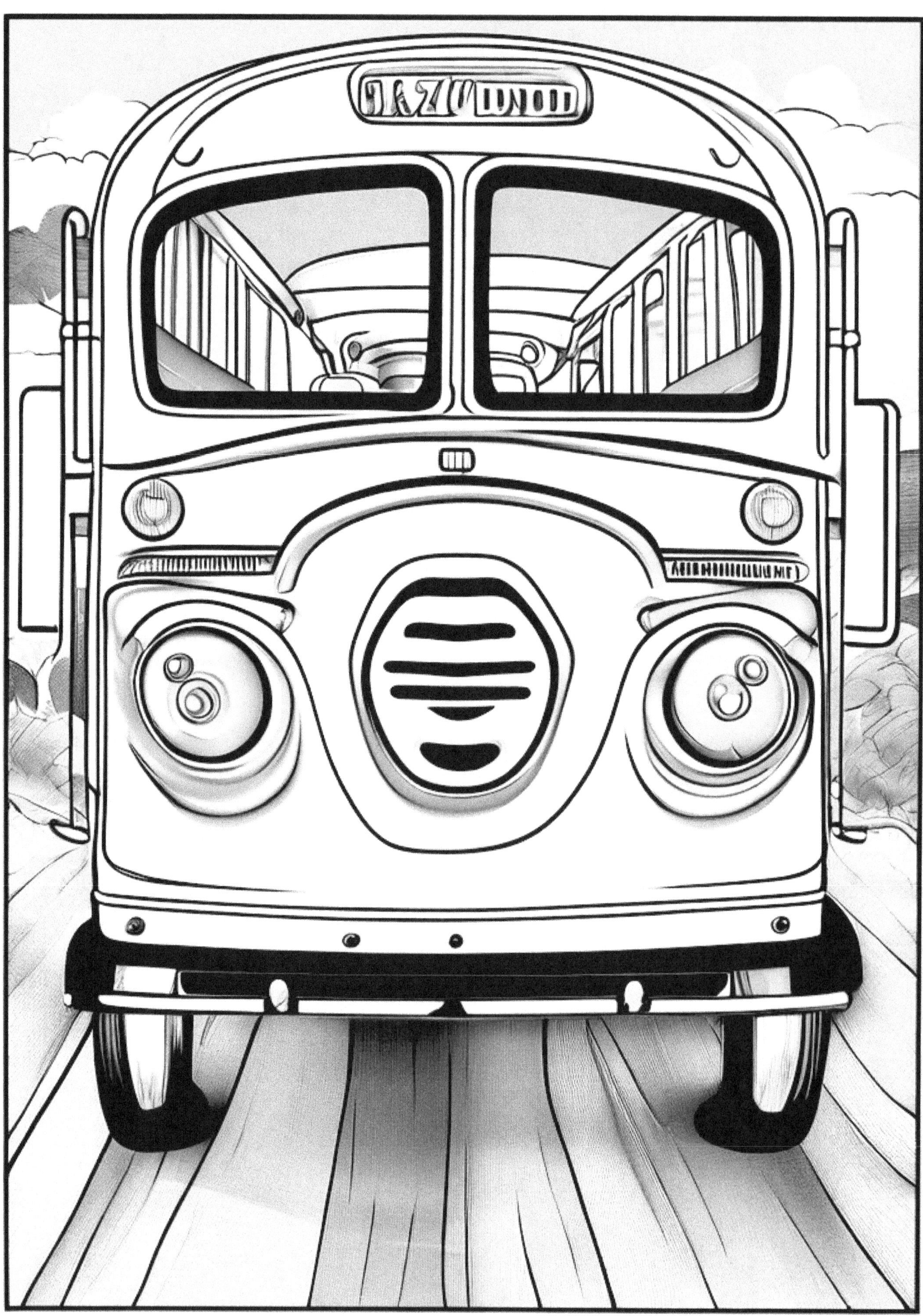

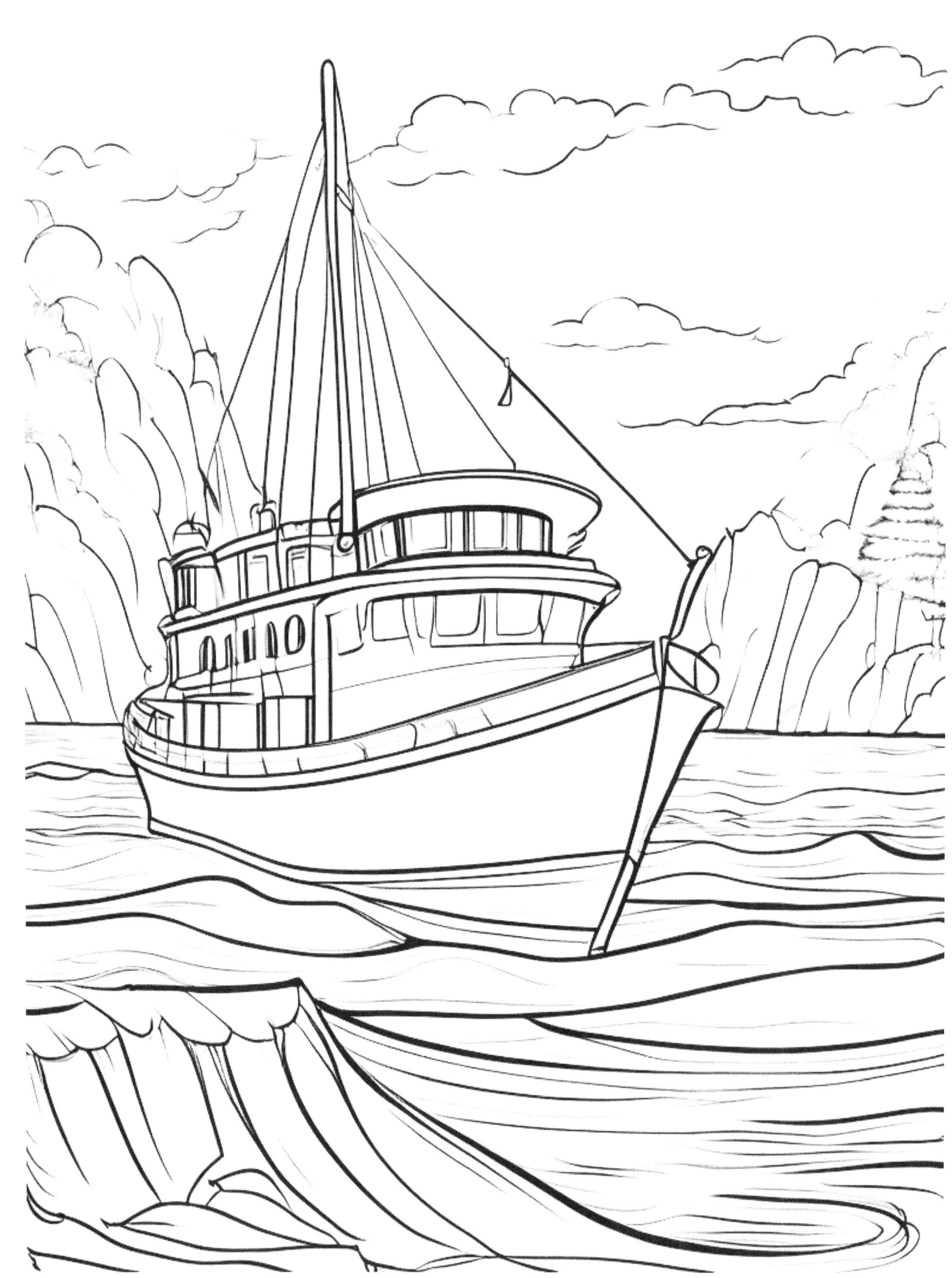

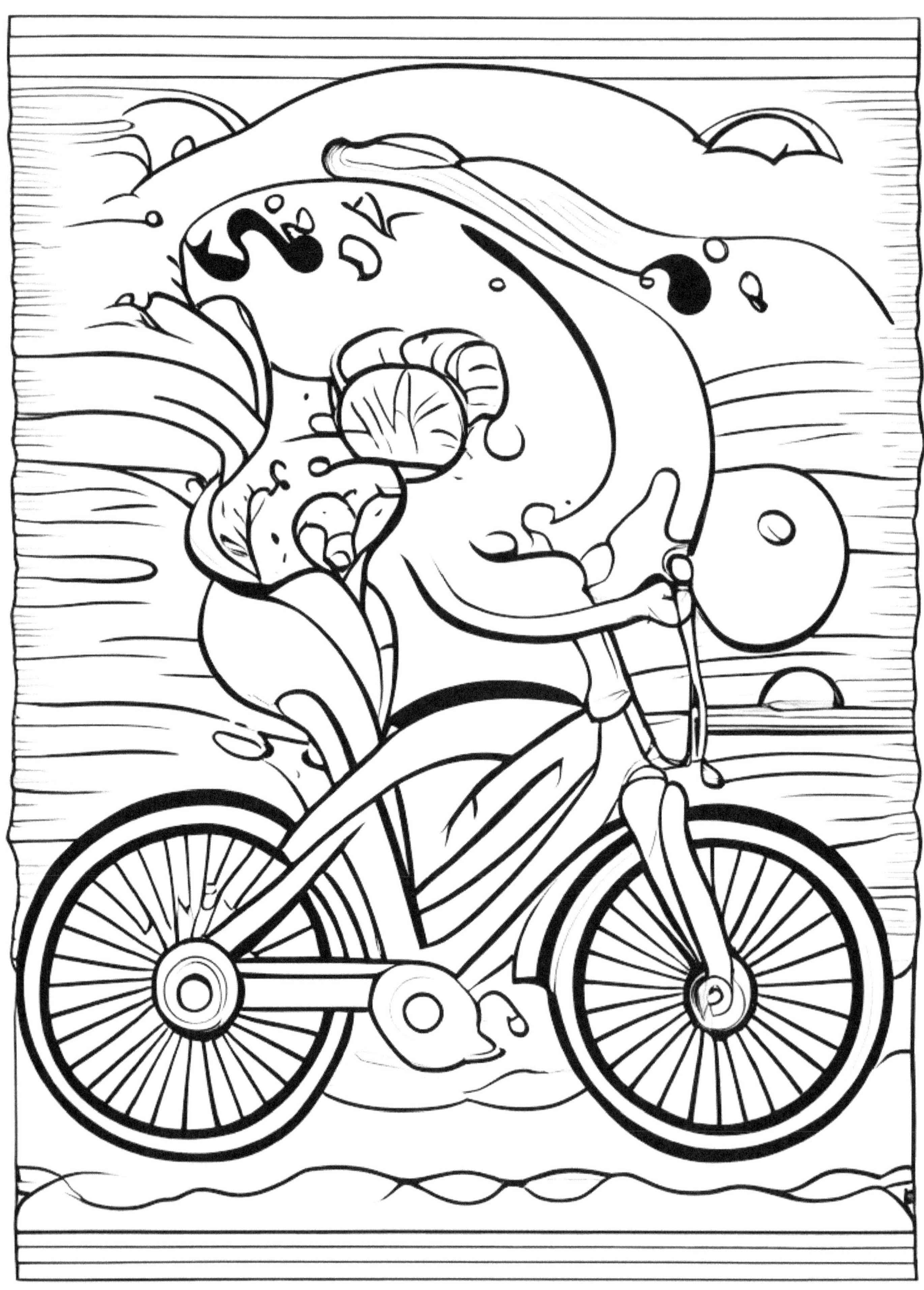

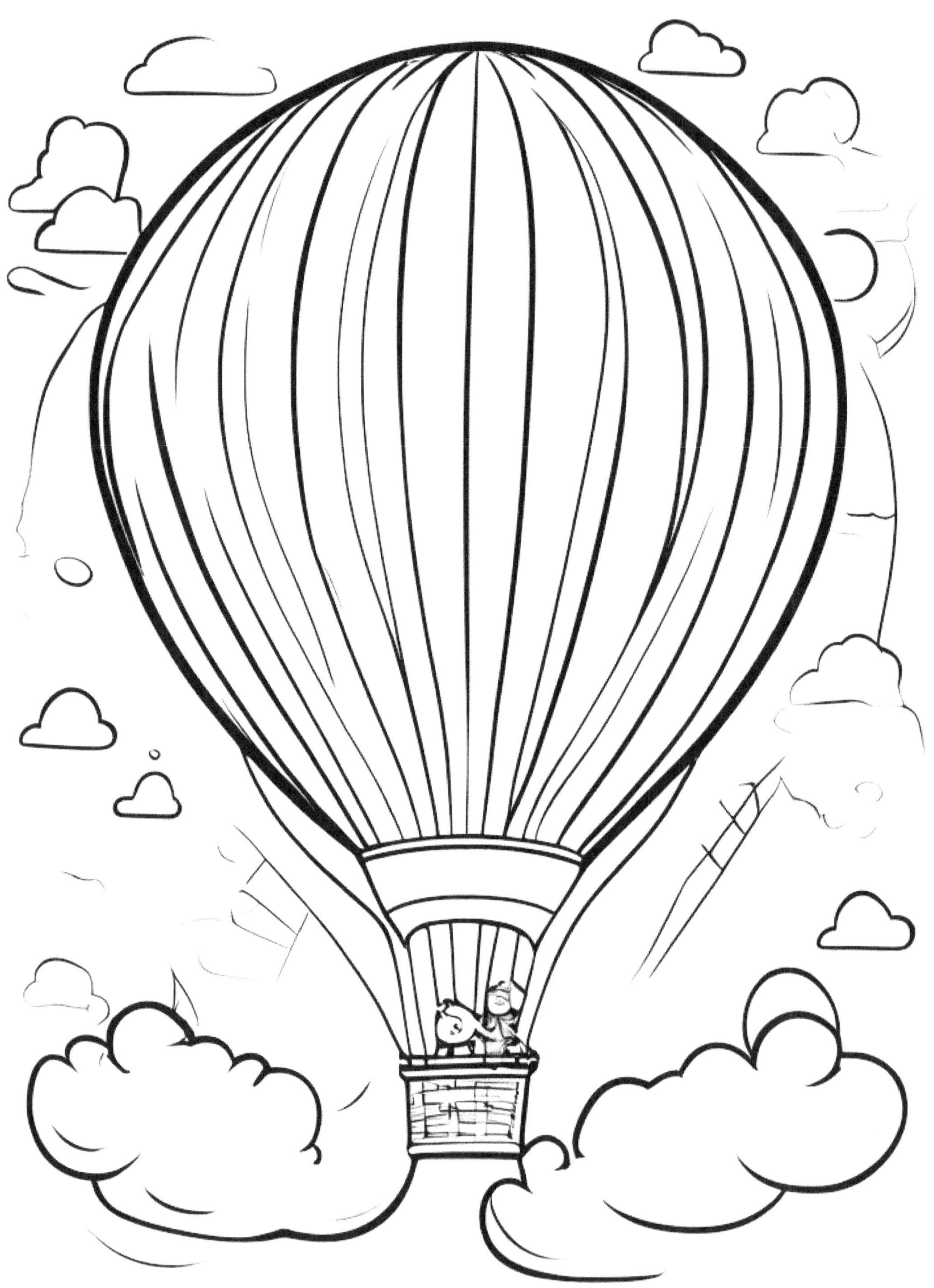

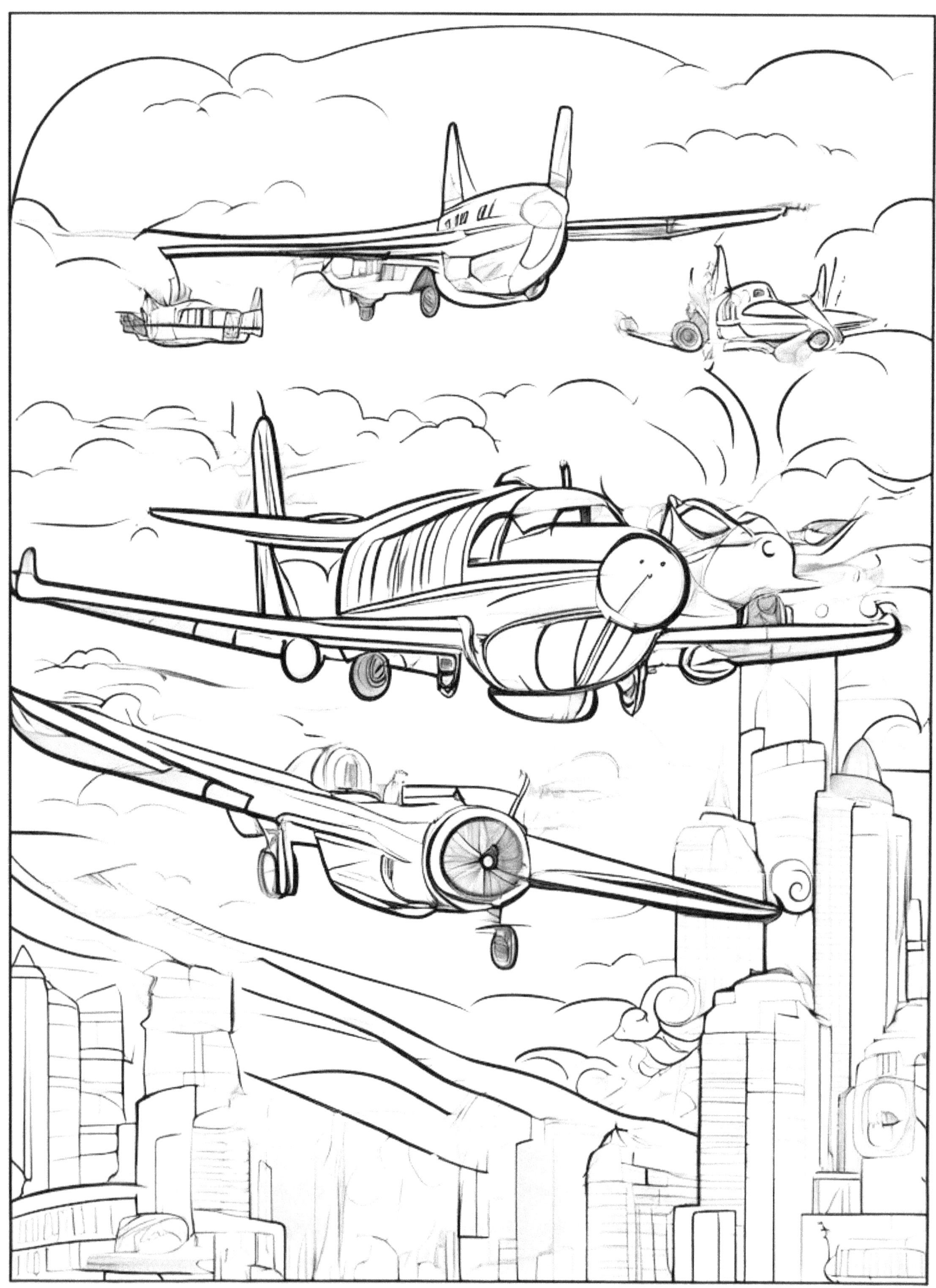

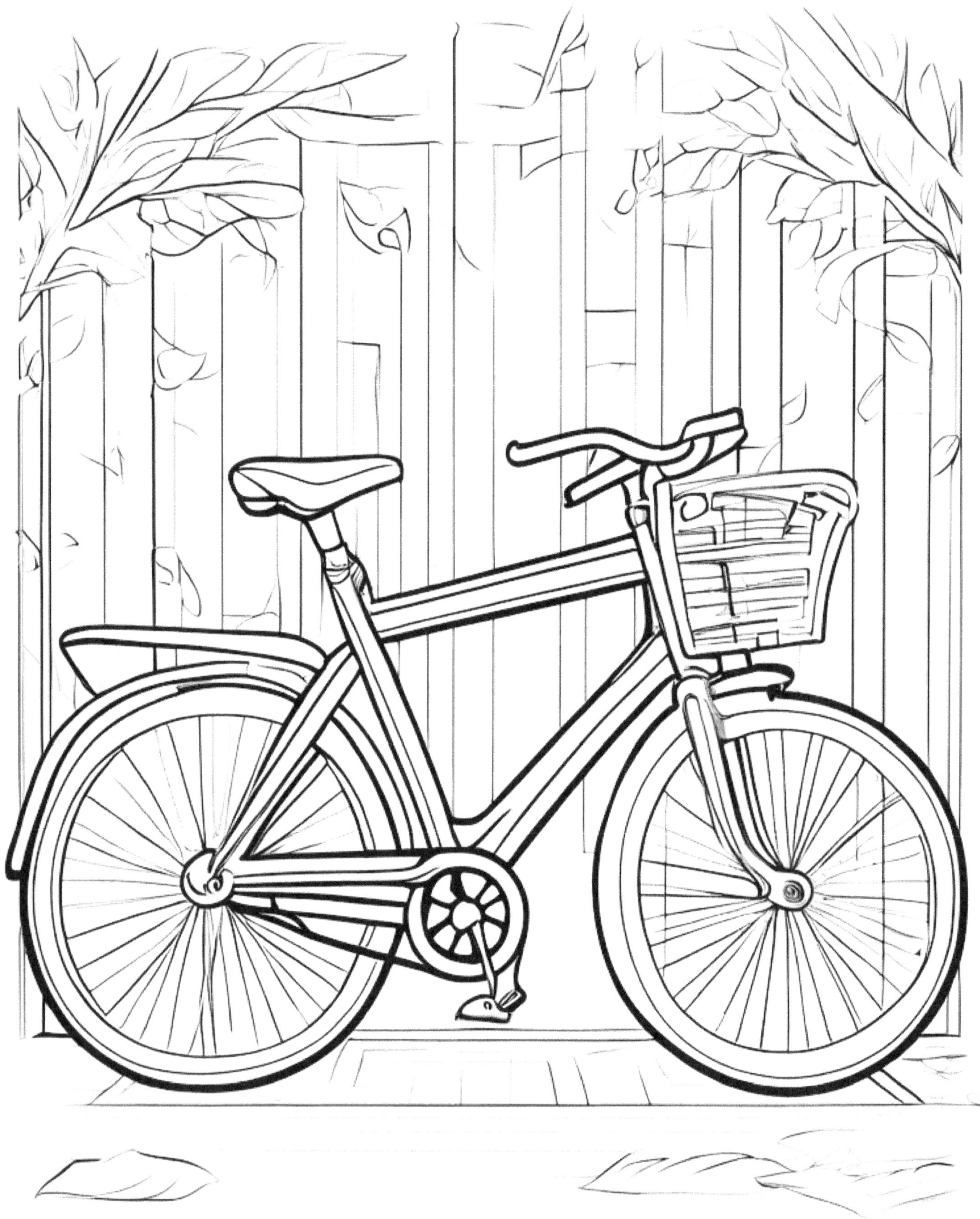

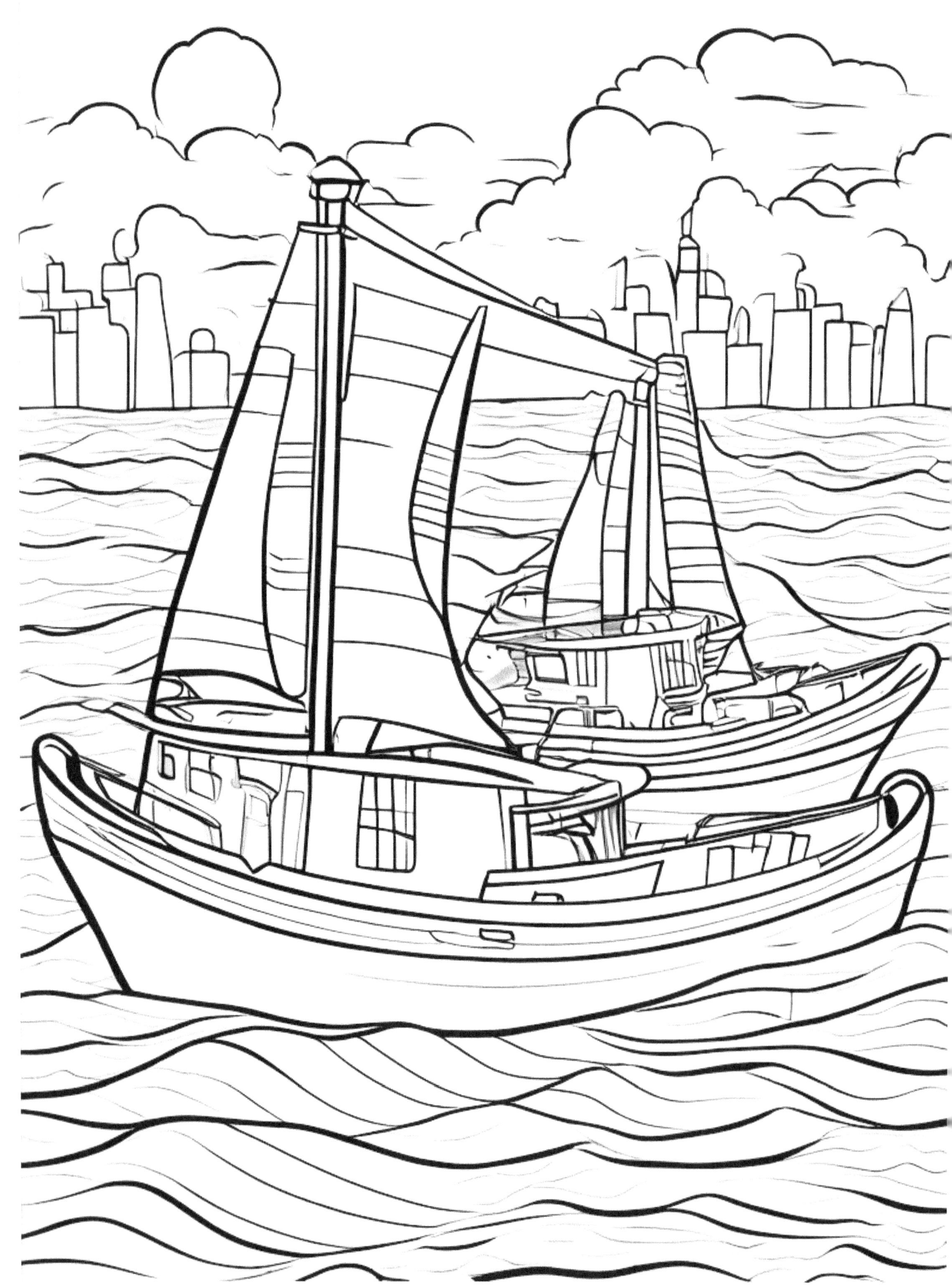

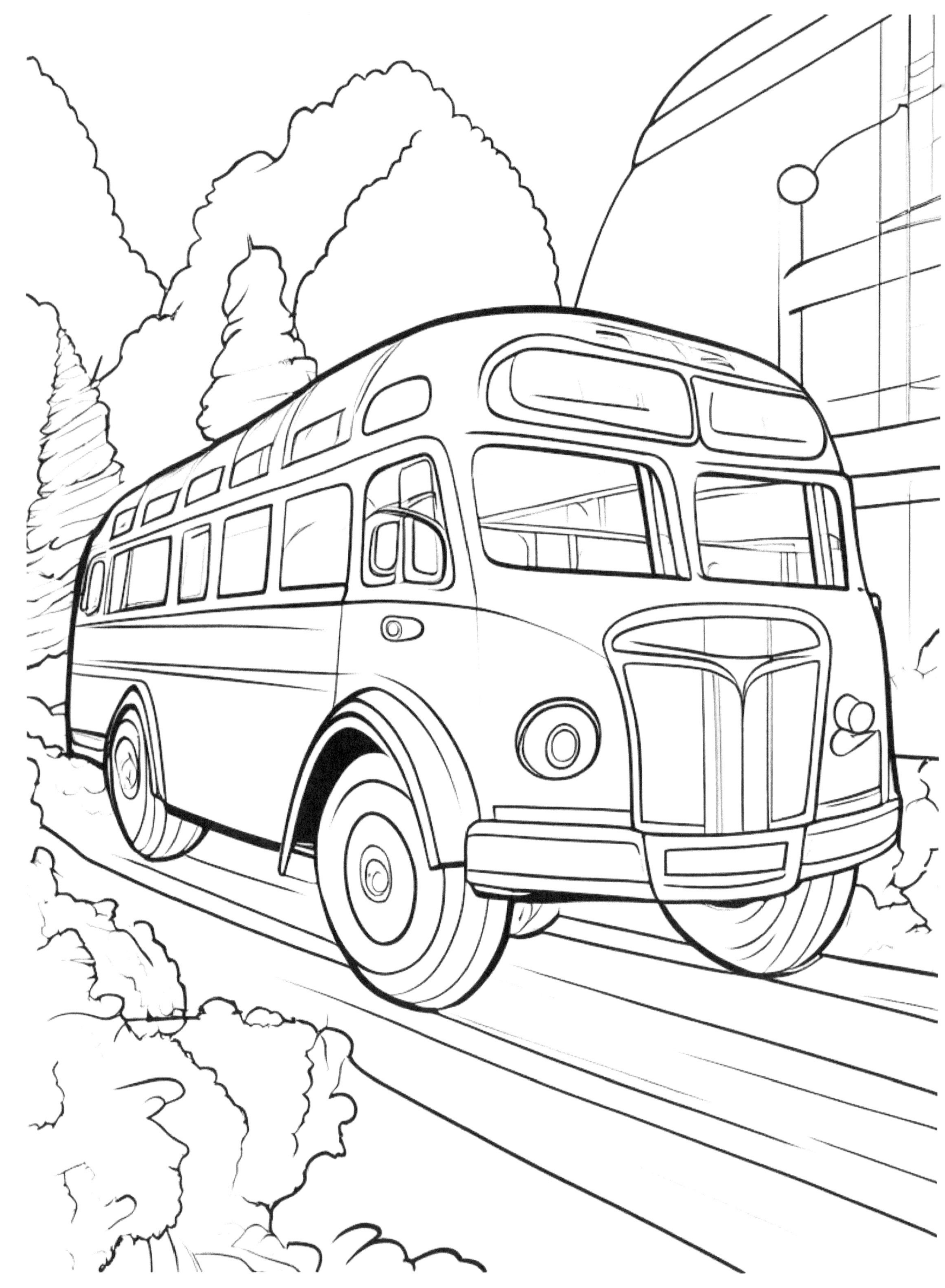

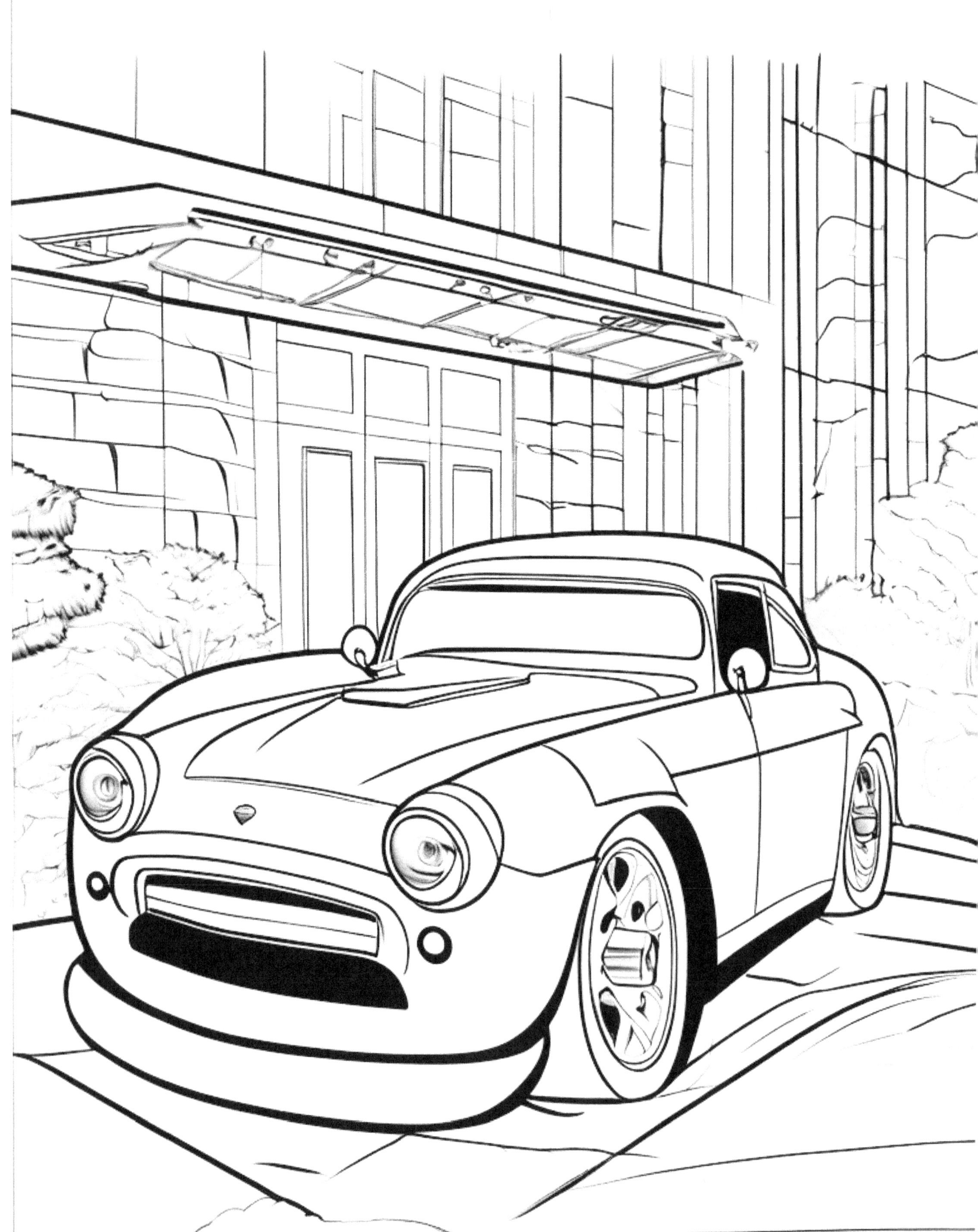

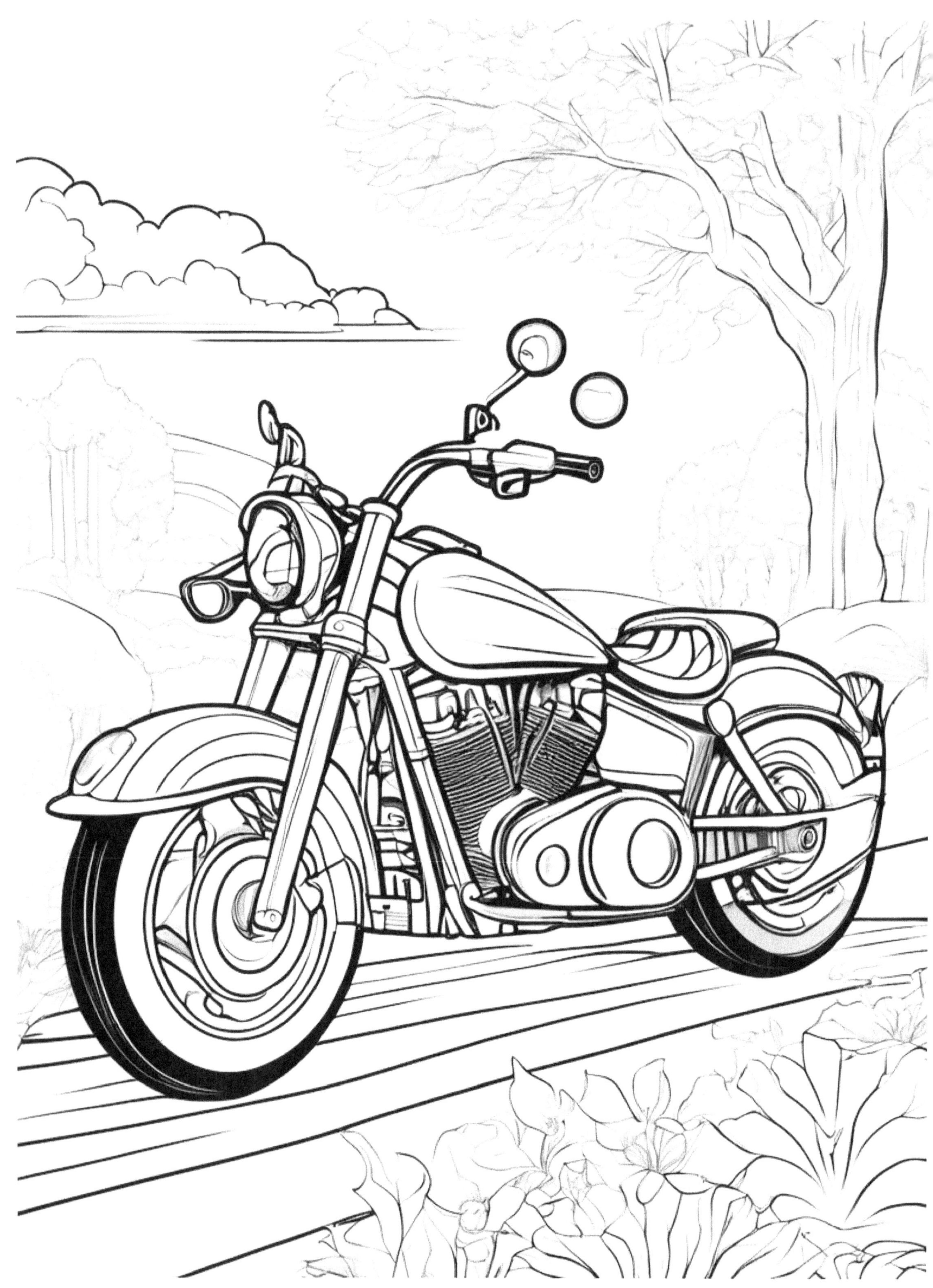

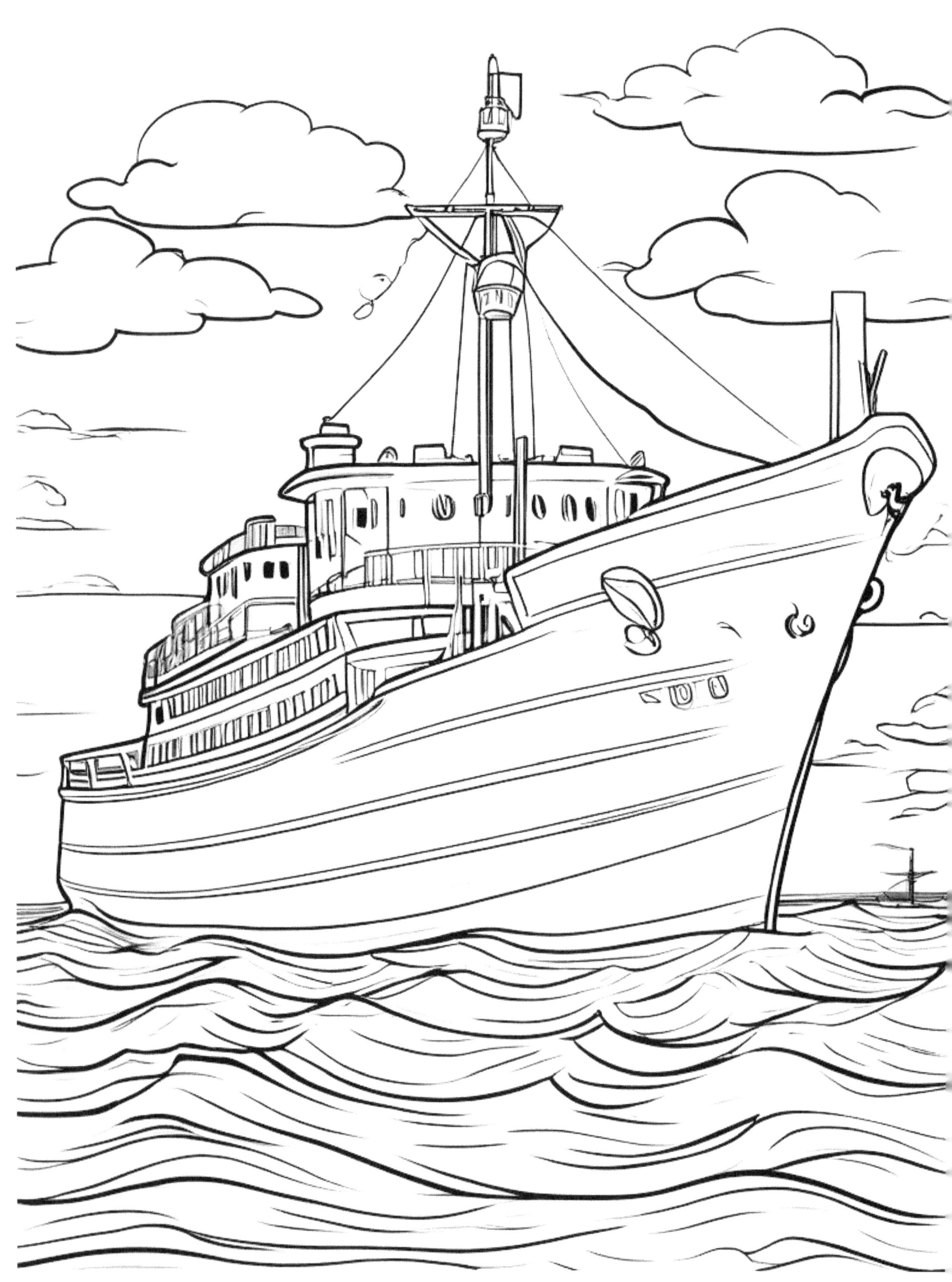

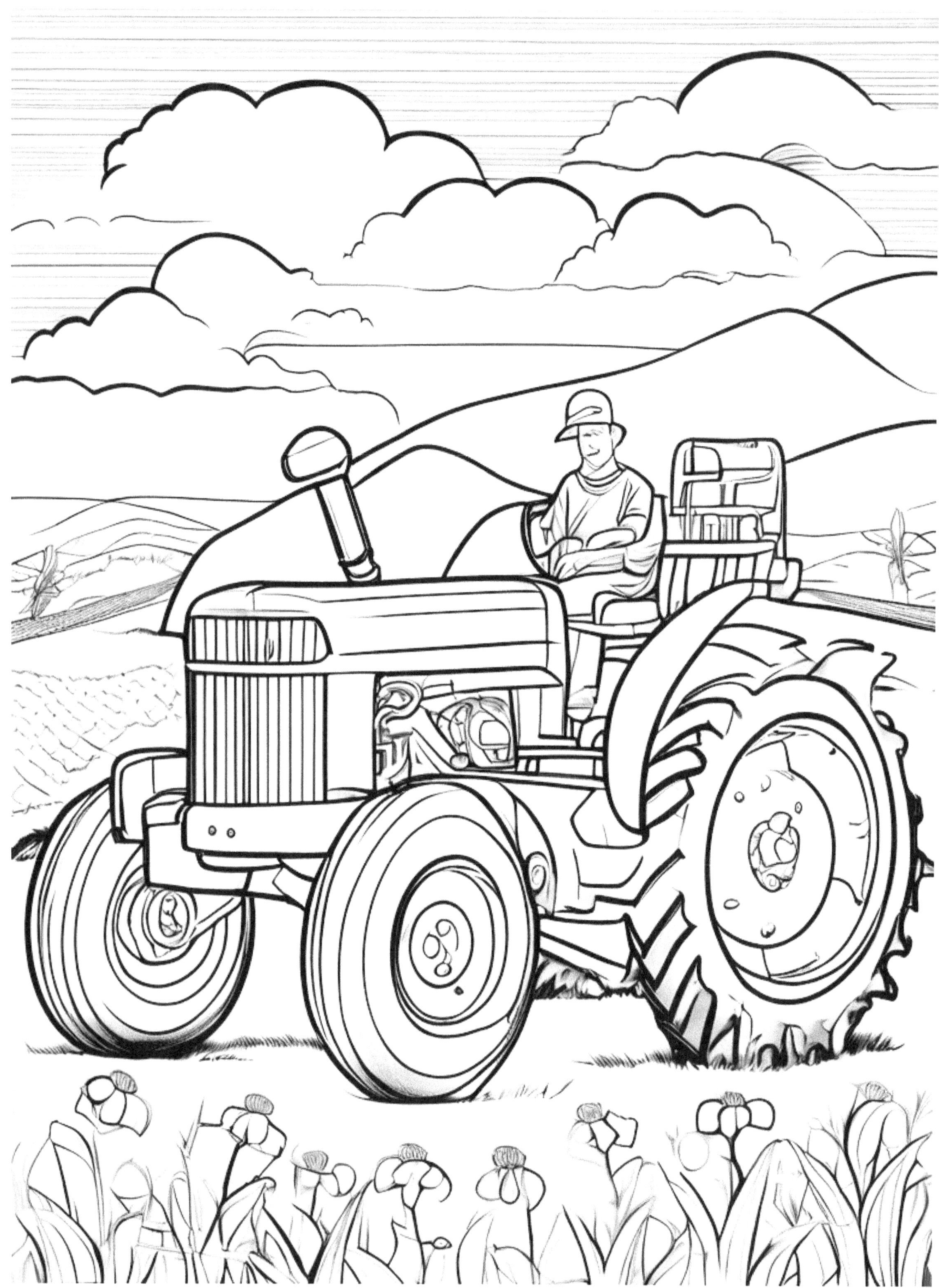

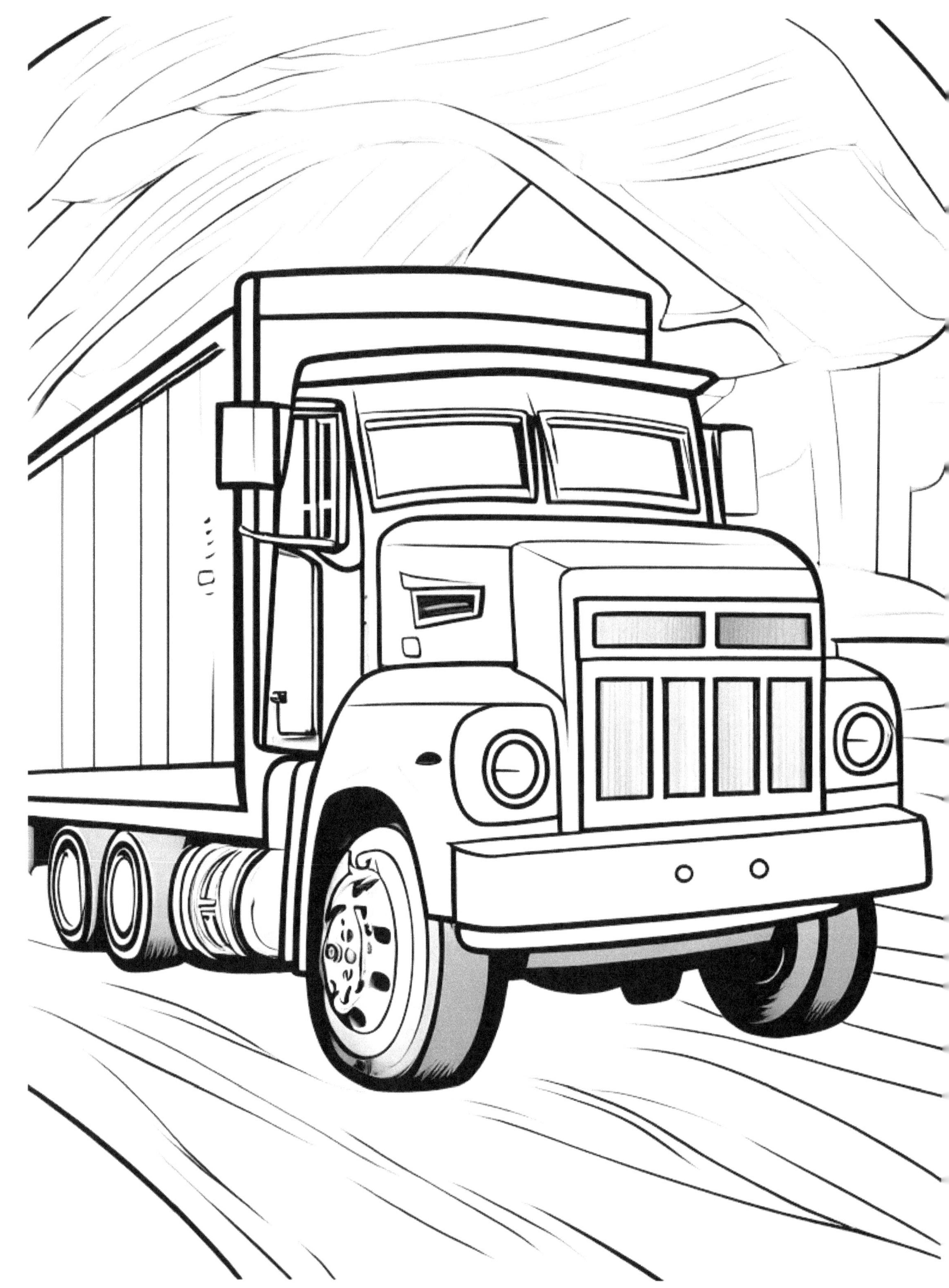

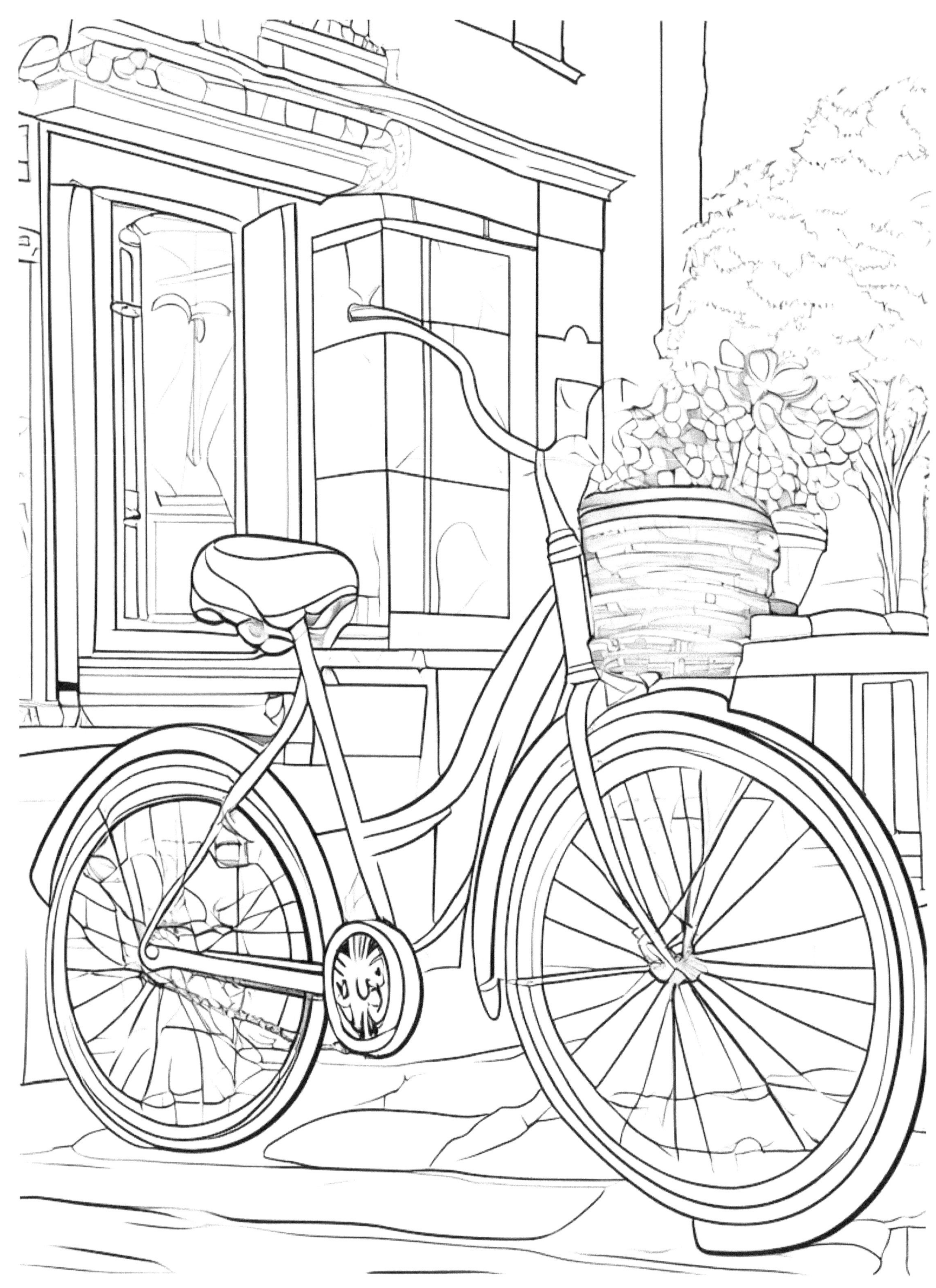

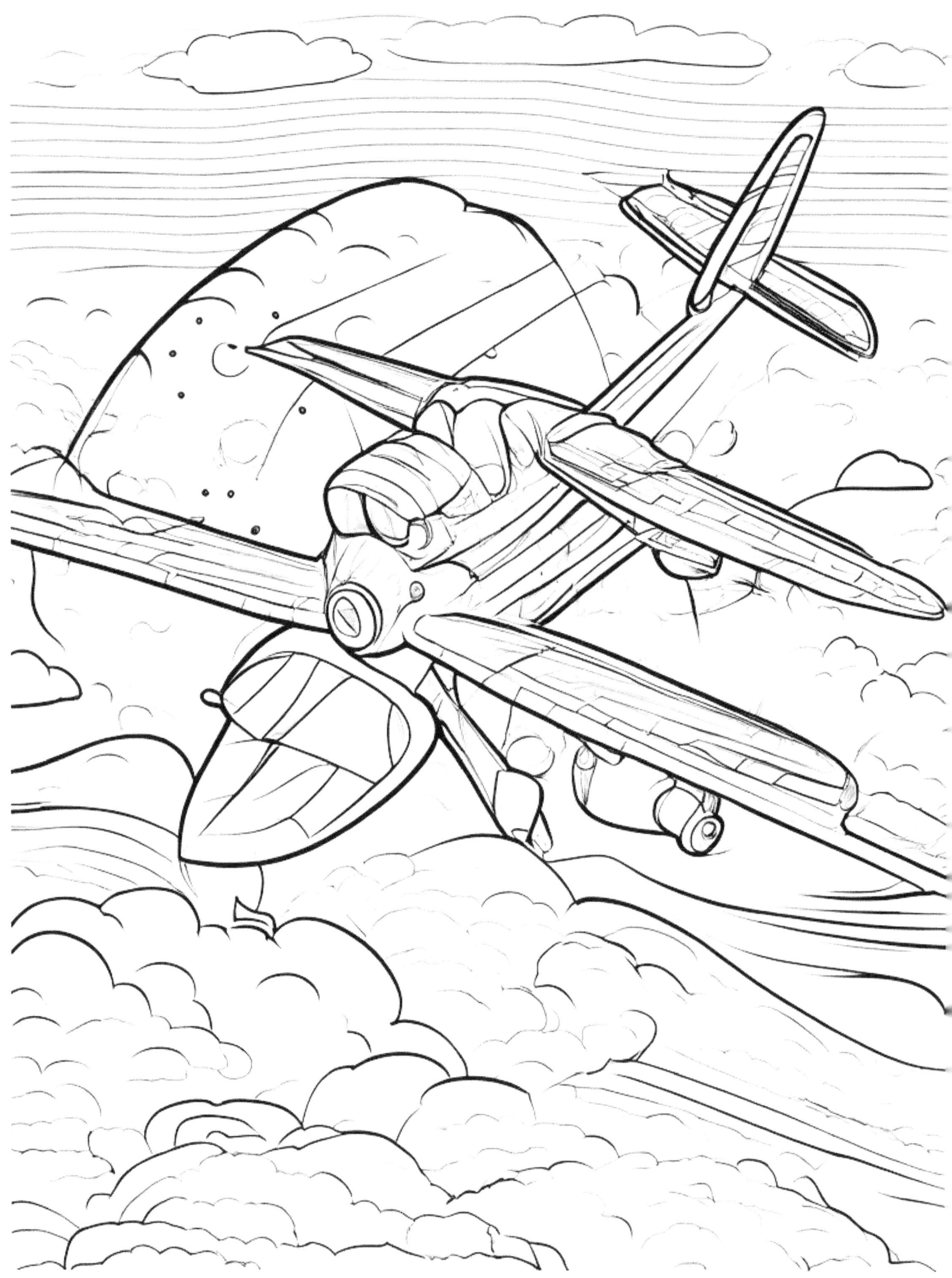

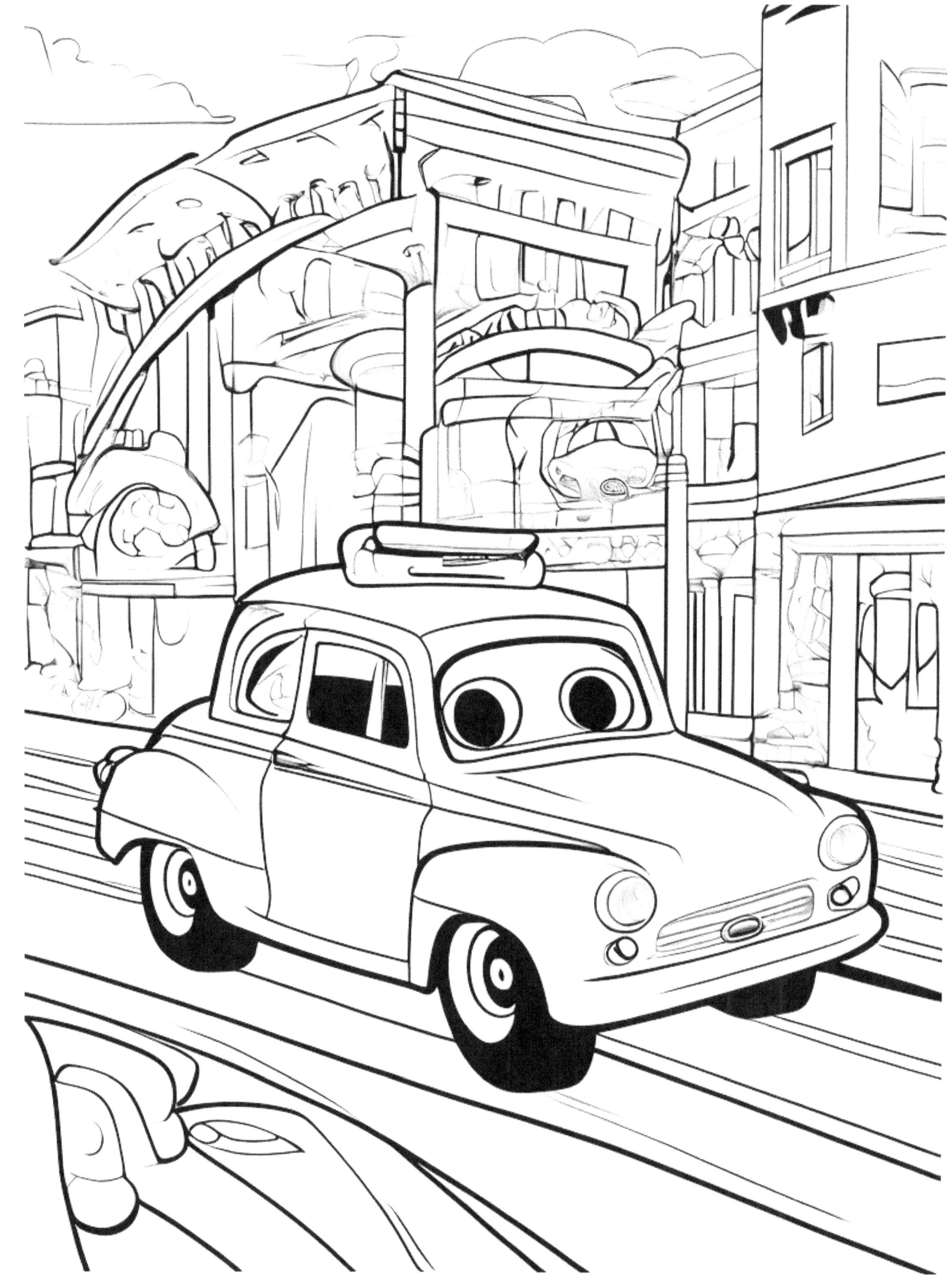

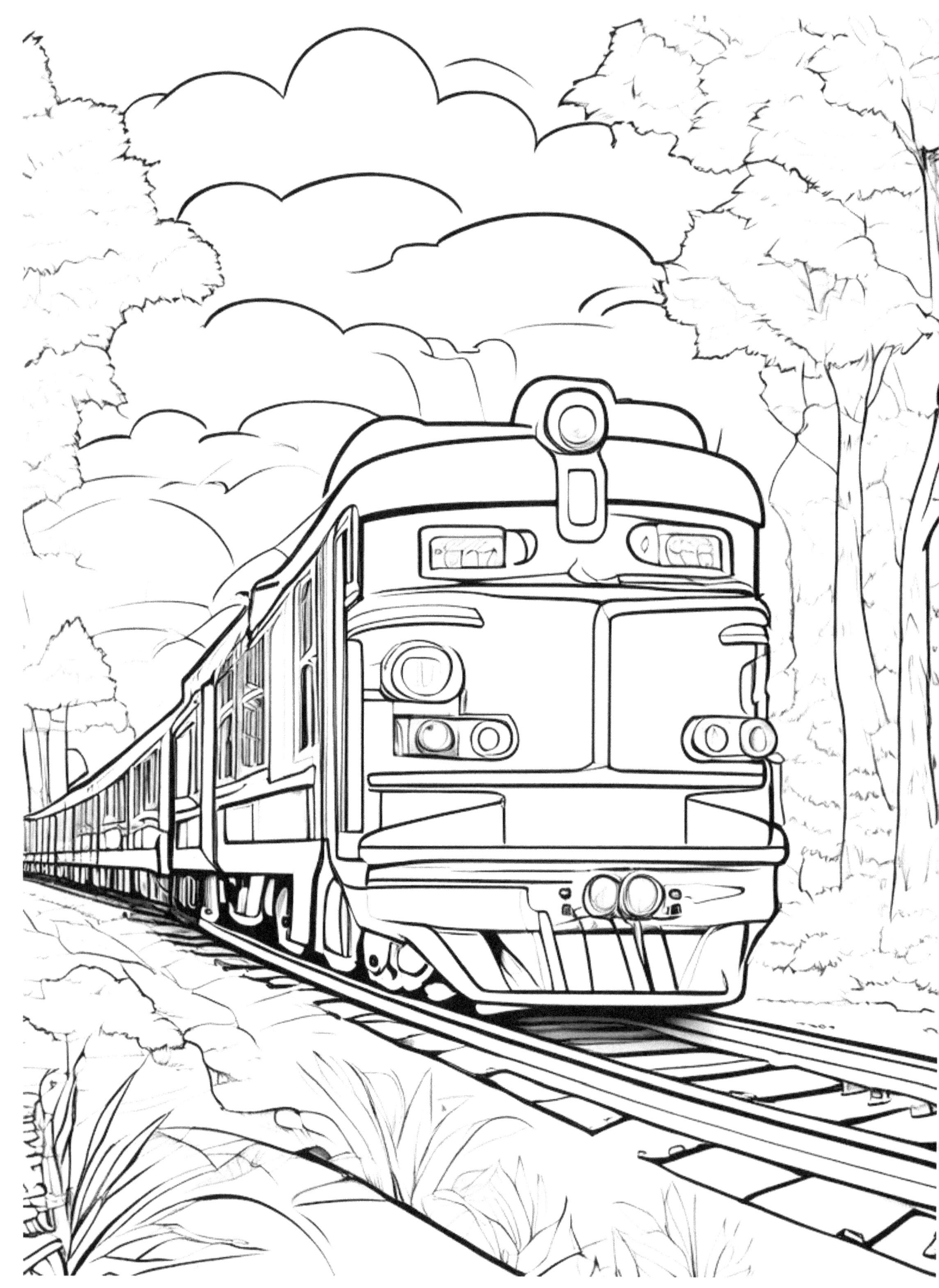

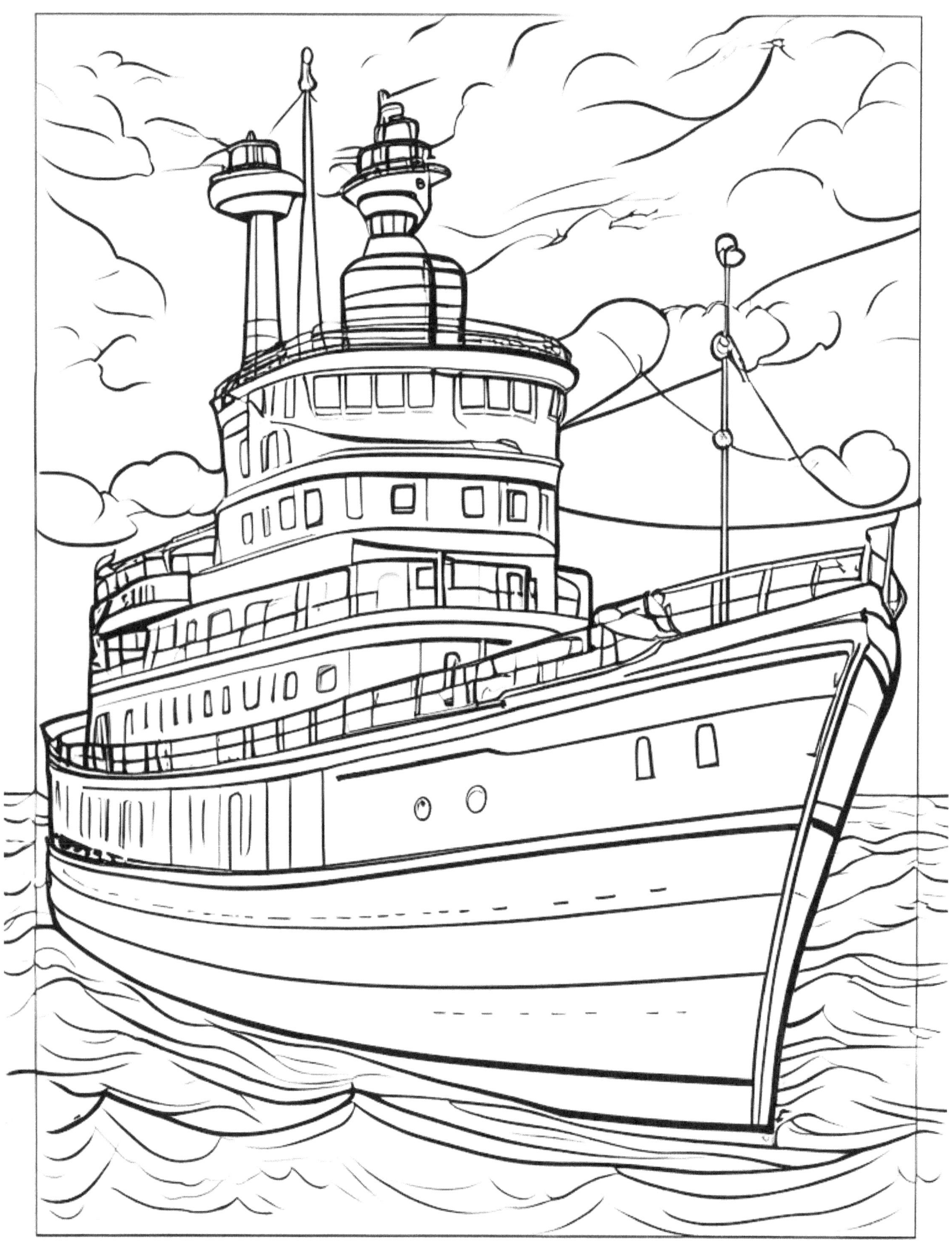

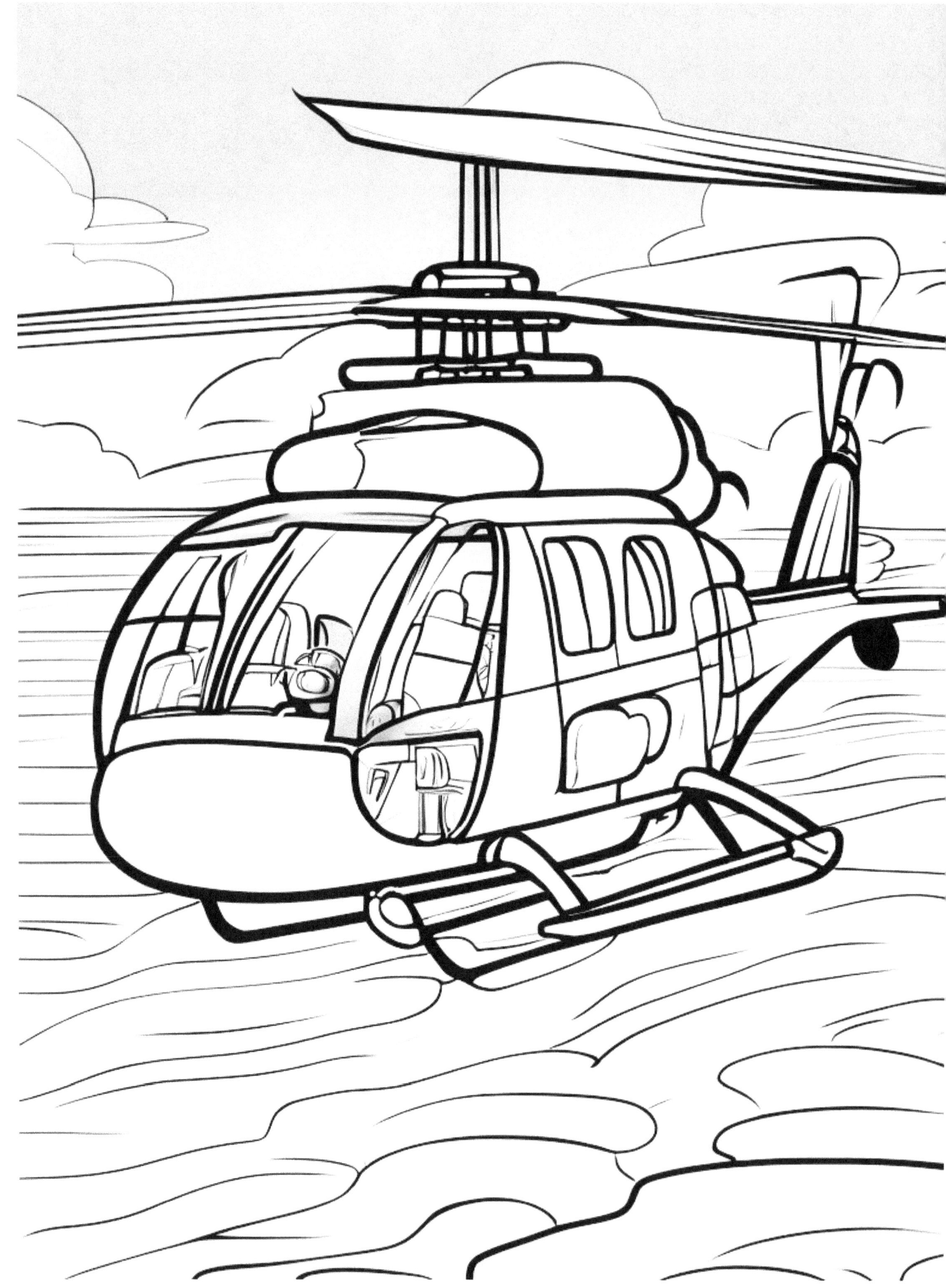

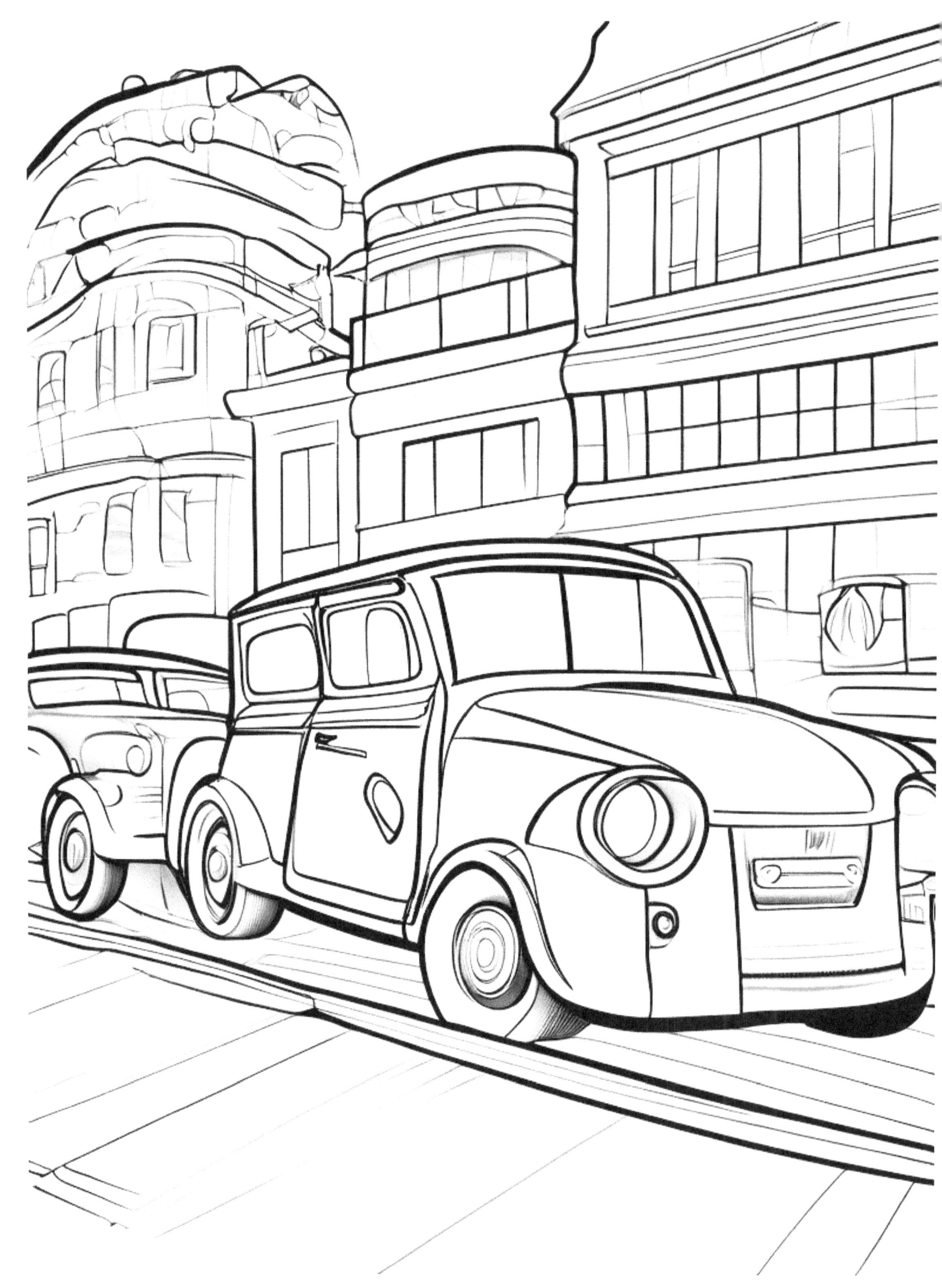

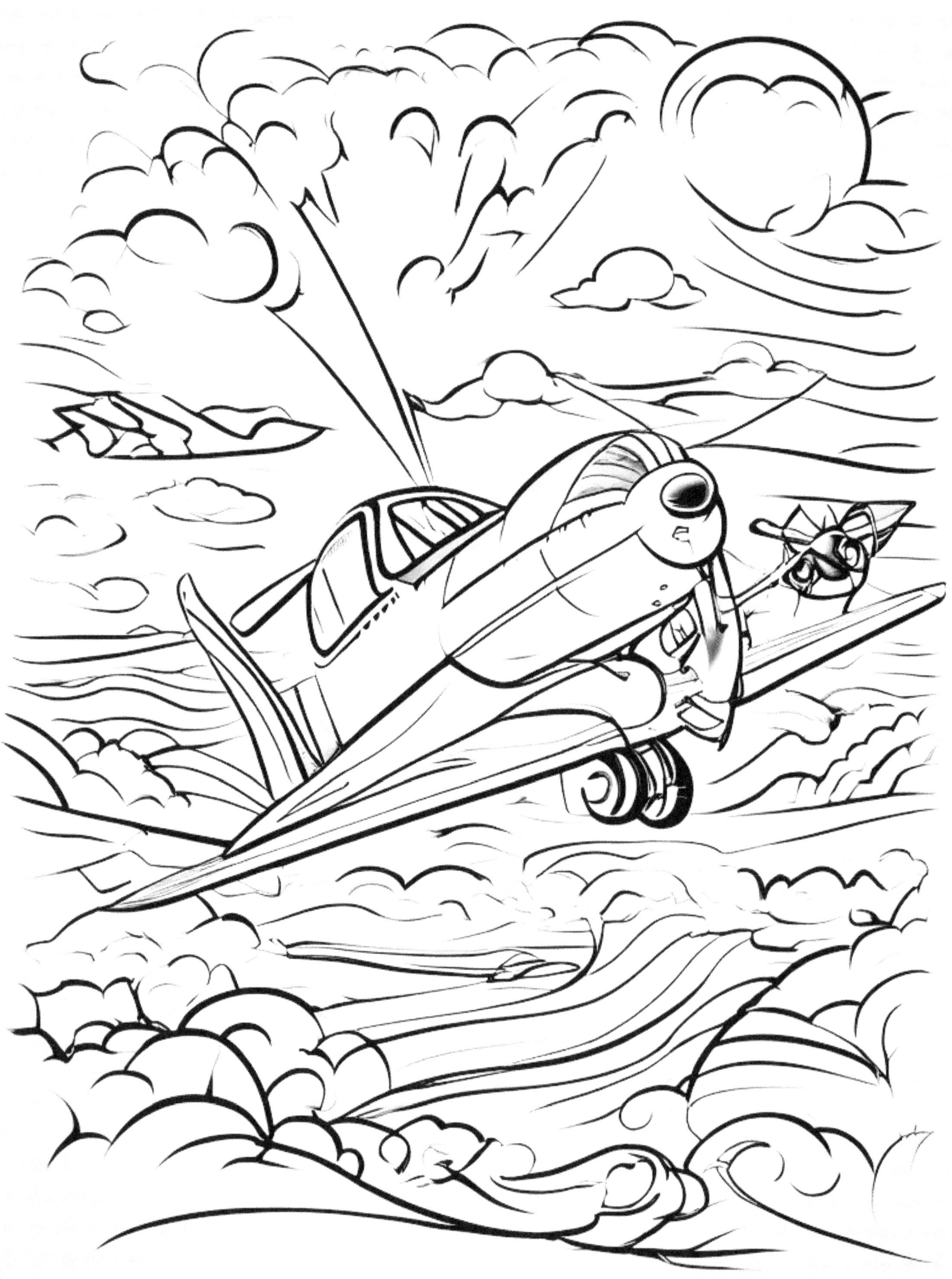

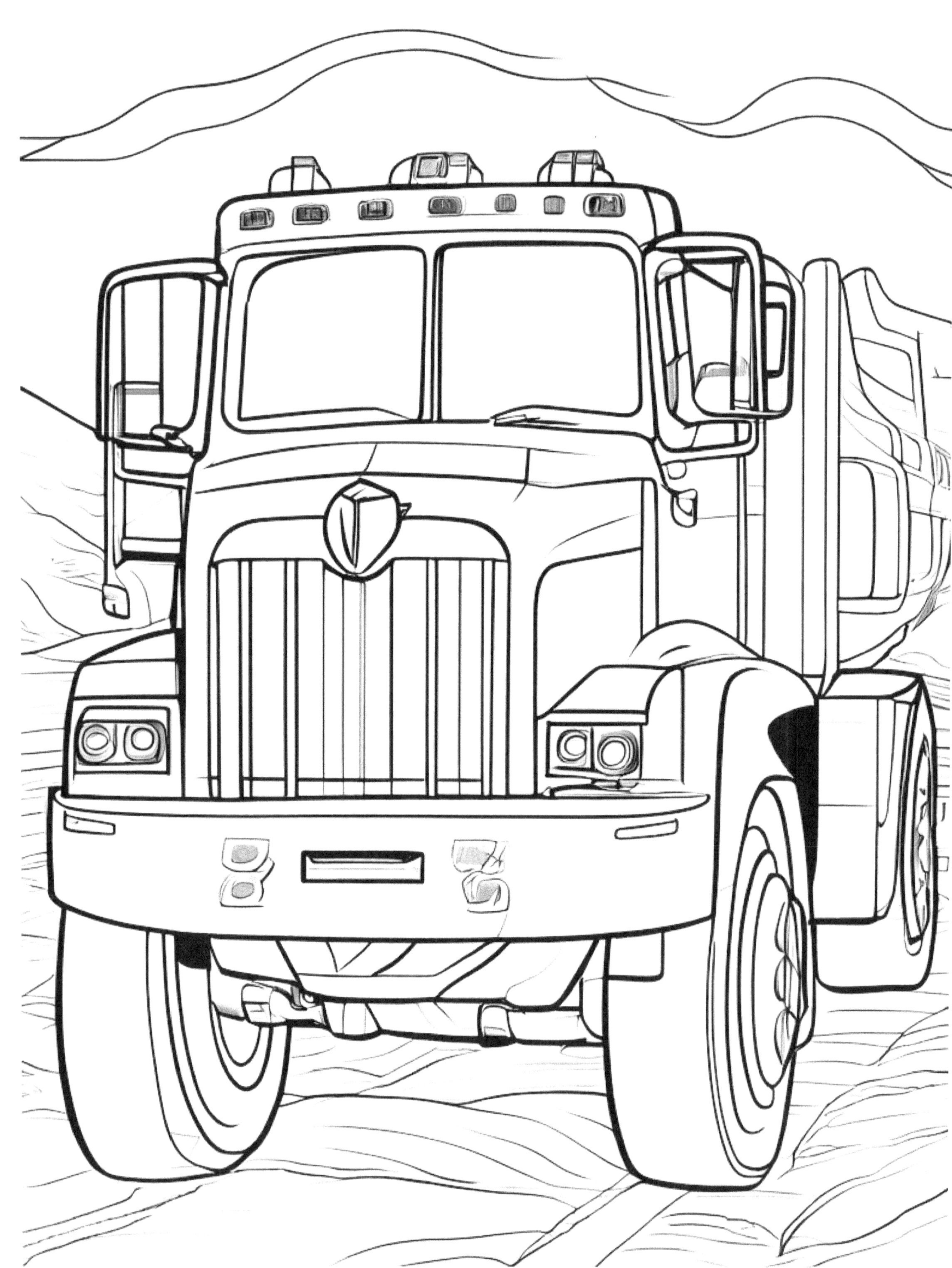

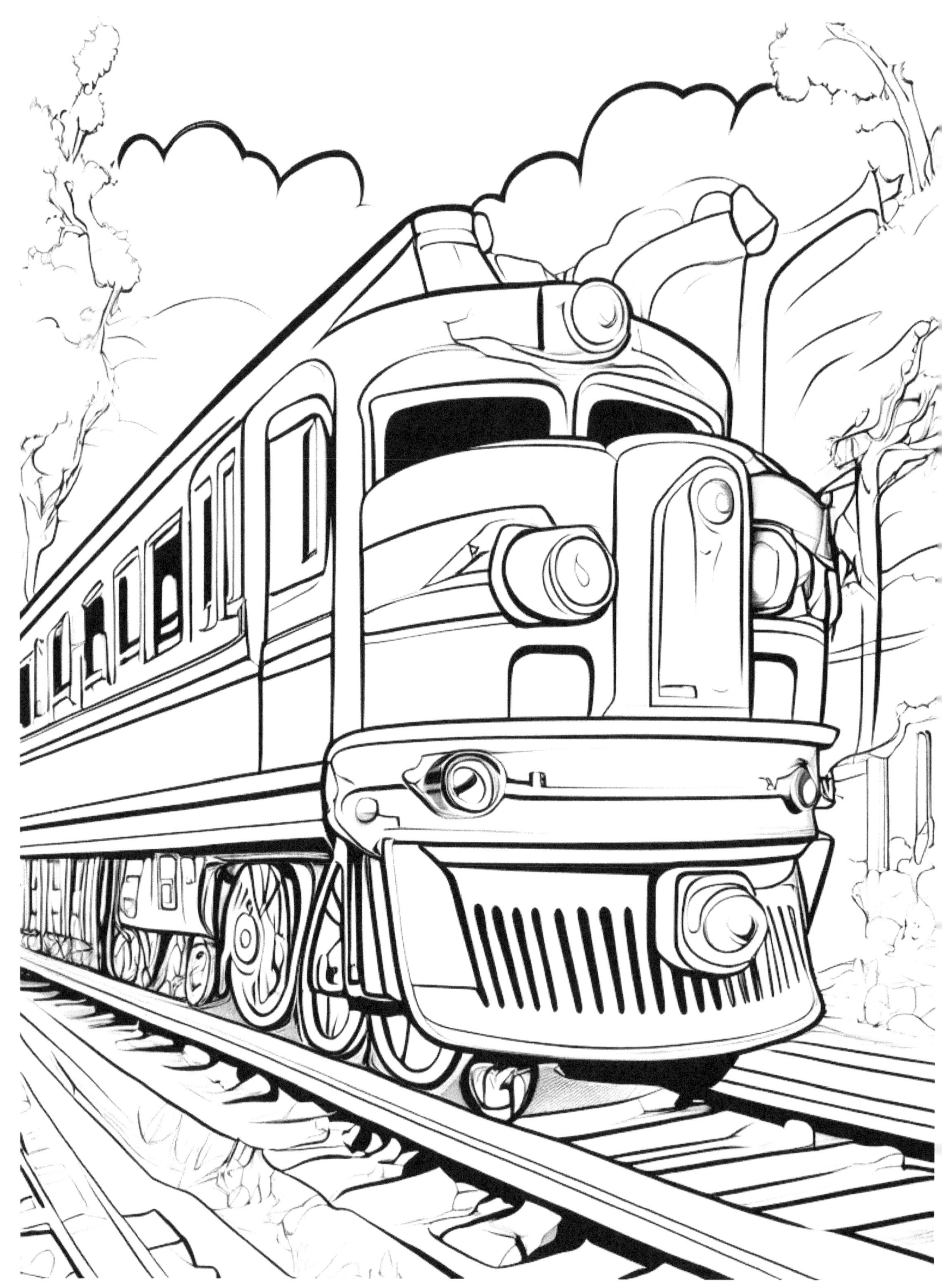

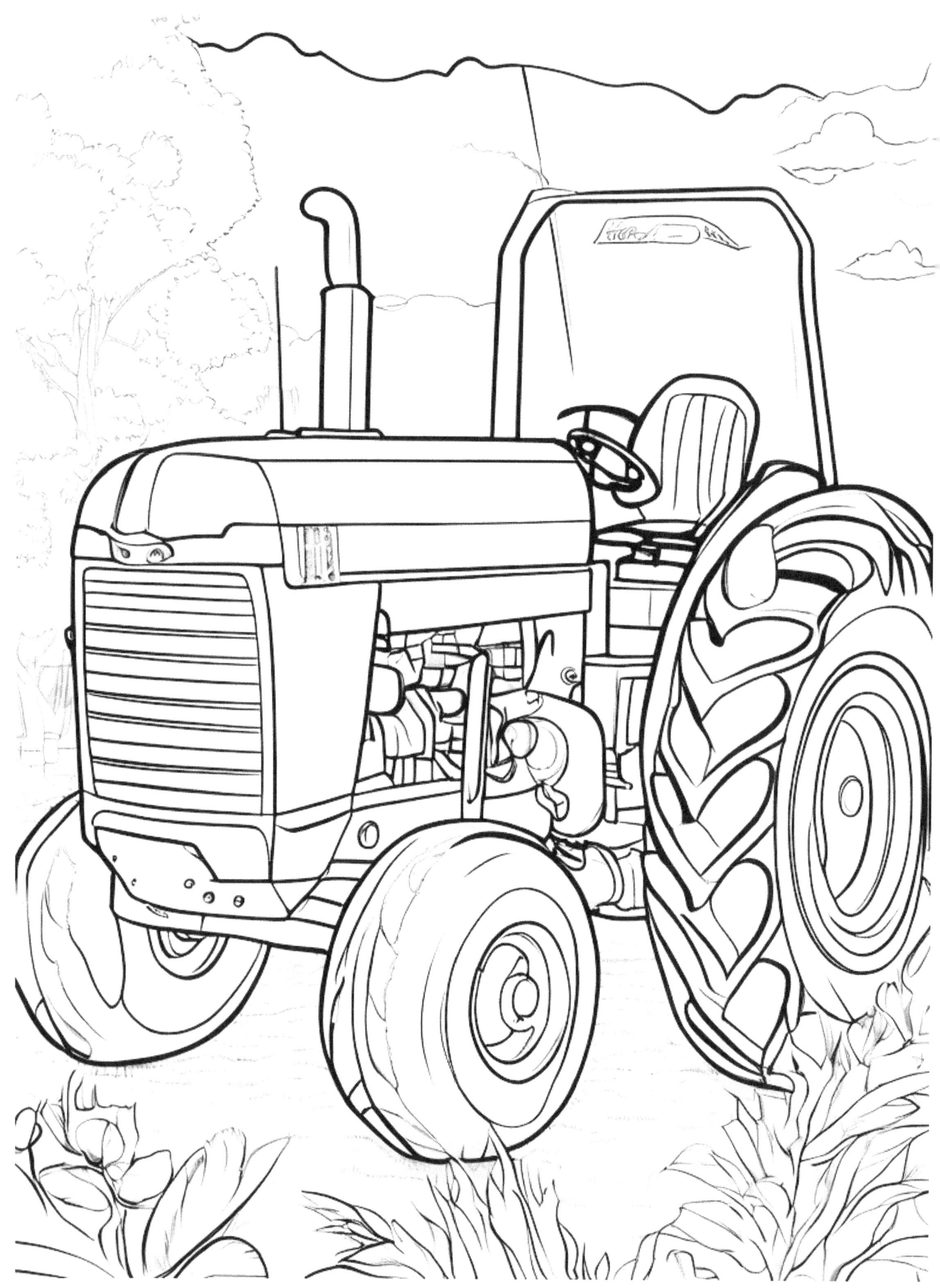

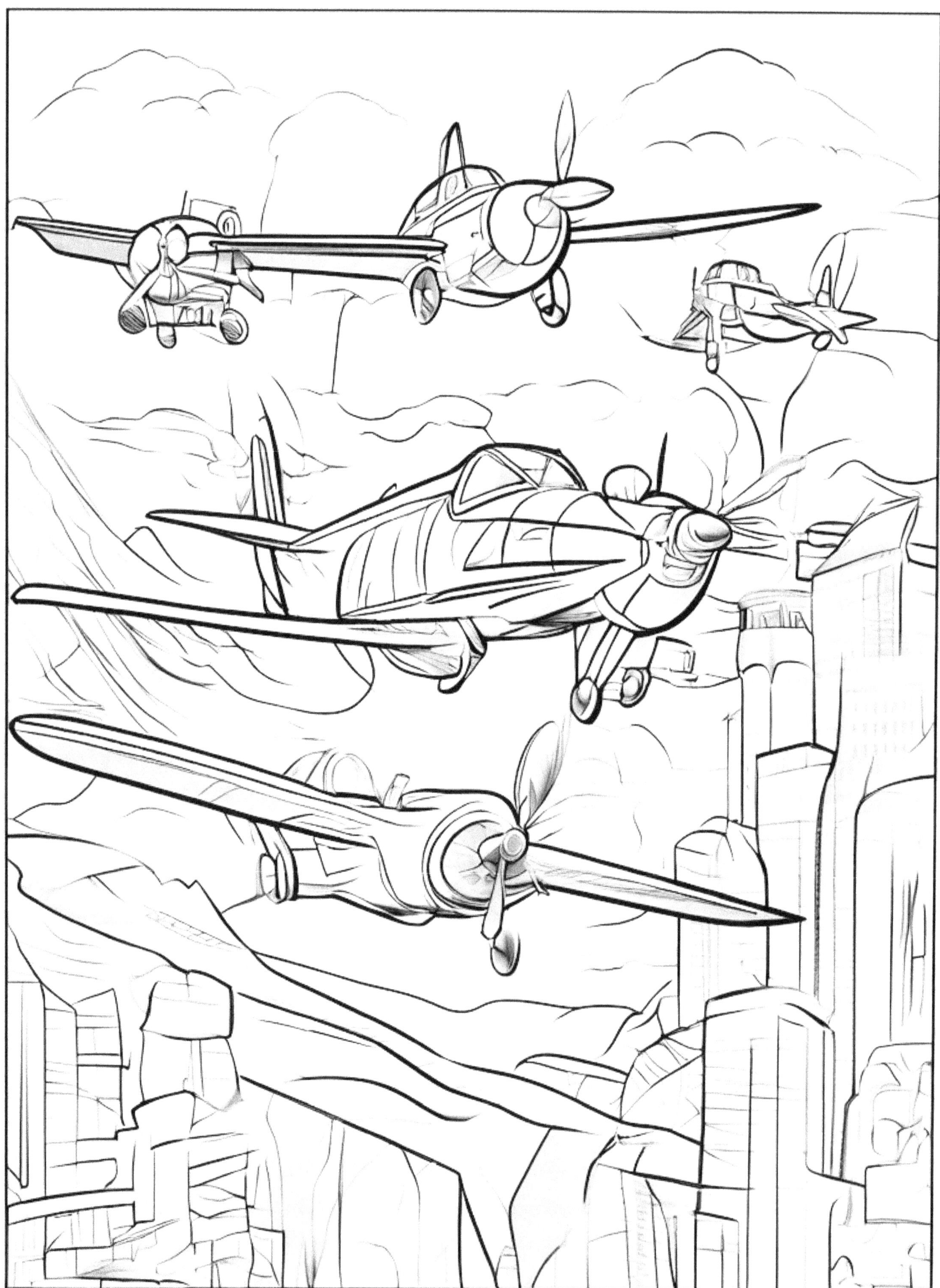

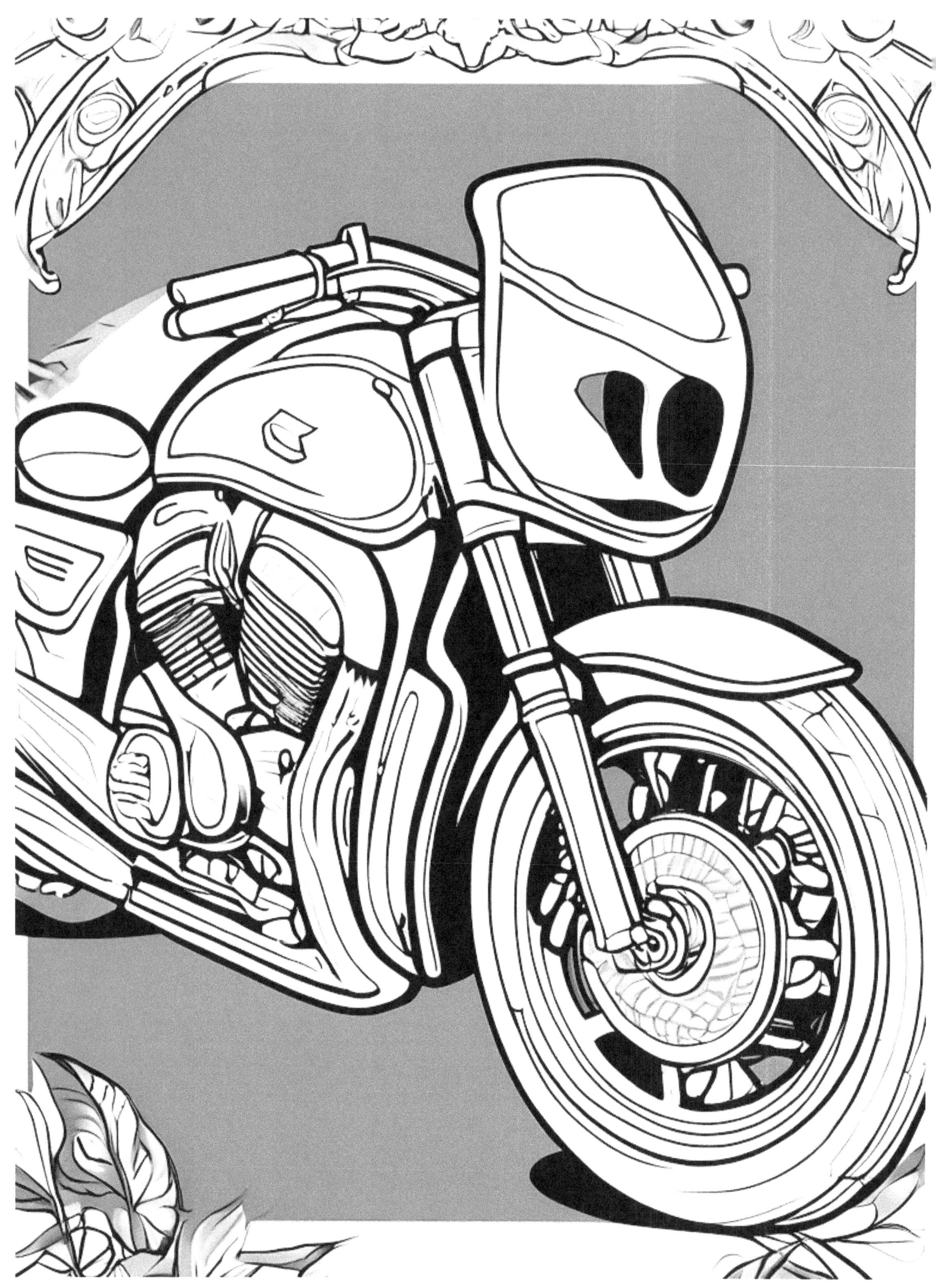

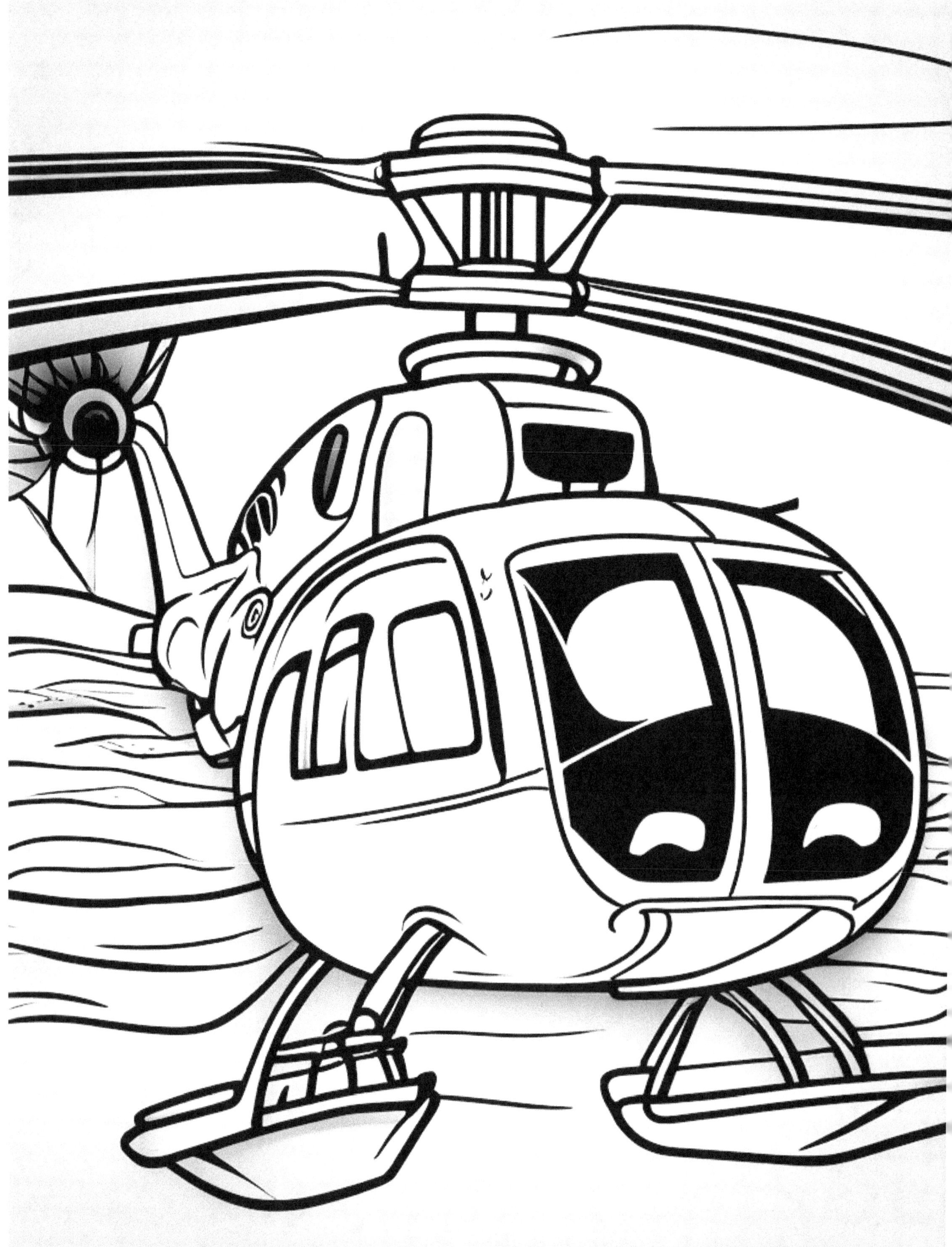

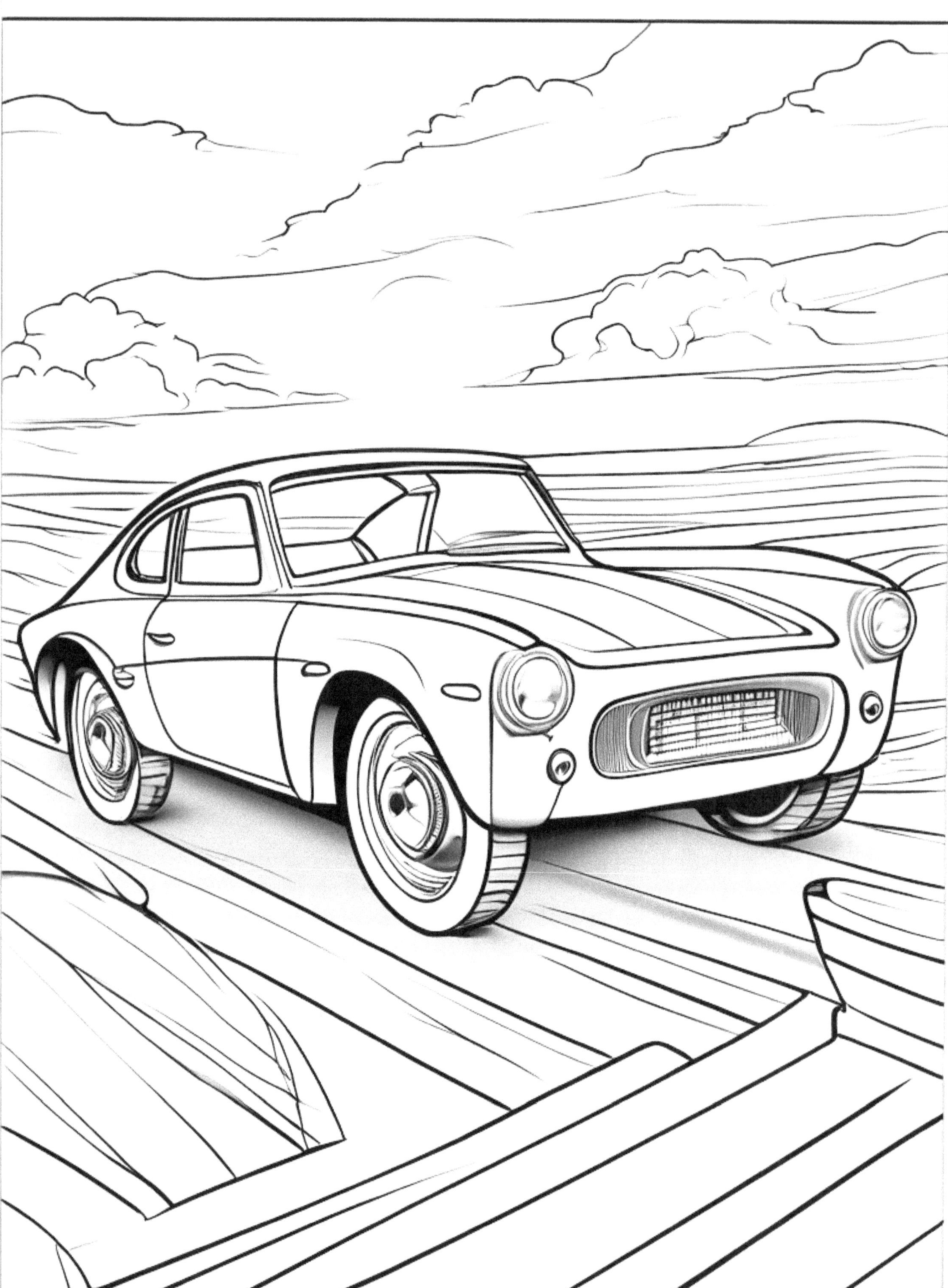

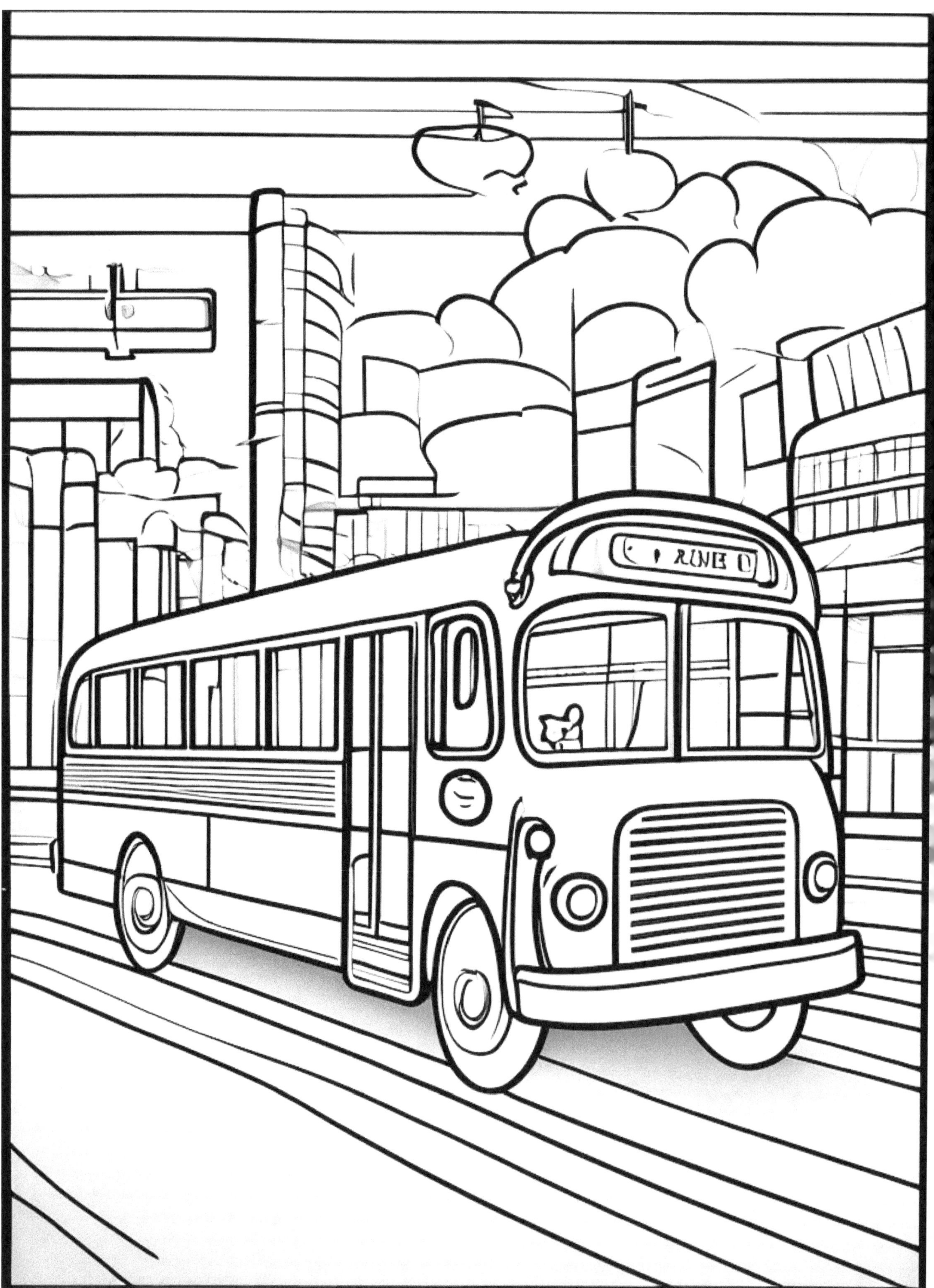

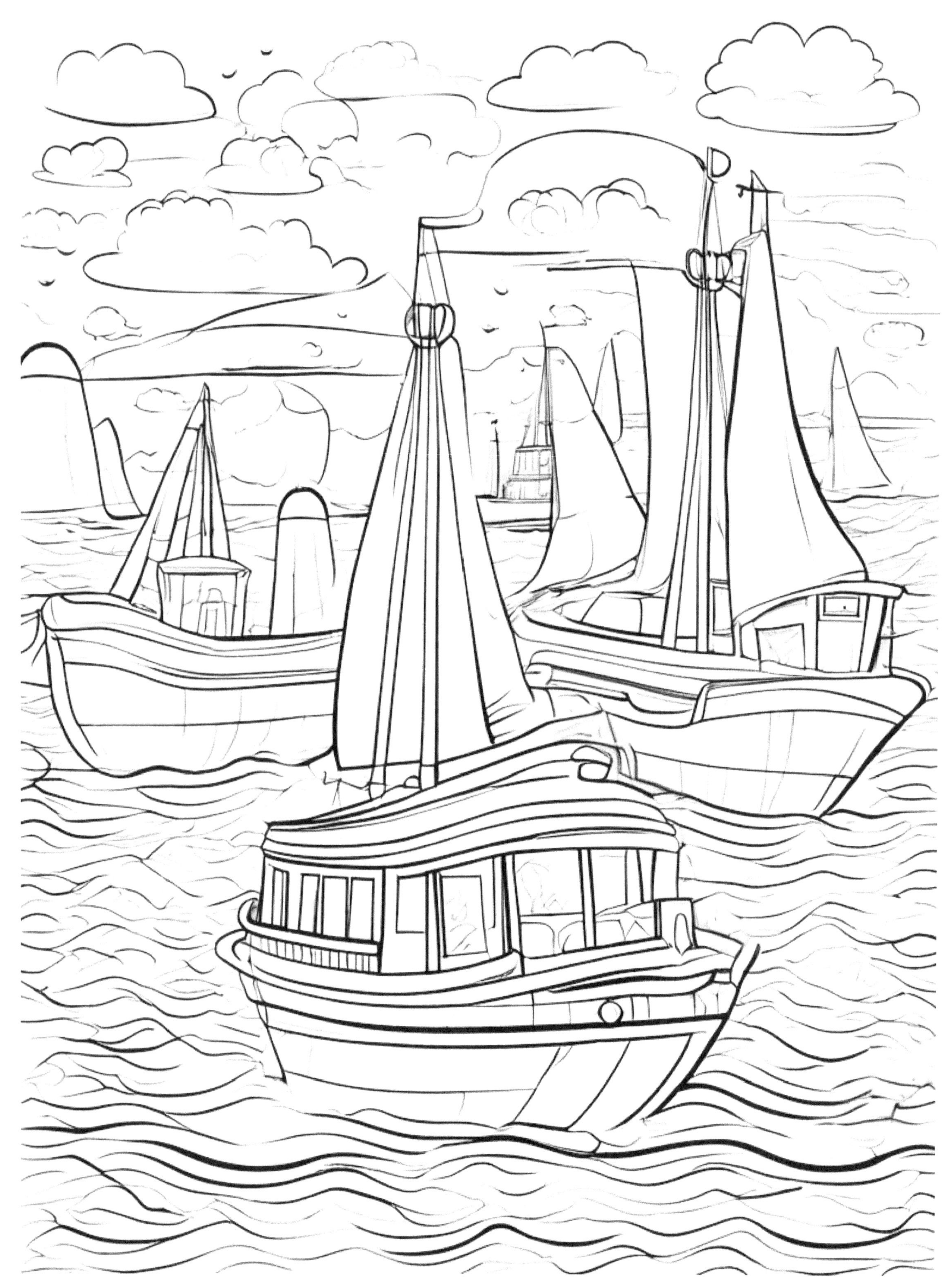